美丽乡村建设的康县模式

The Kangxian County Model of
Beauti… …al Community Building

庞智强◎著

中国经济出版社
CHINA ECONOMIC PUBLISHING HOUSE

图书在版编目（CIP）数据

美丽乡村建设的康县模式/ 庞智强著.

北京：中国经济出版社，2016.5

(中国农村经济研究文库)

ISBN 978-7-5136-4238-5

Ⅰ. ①美… Ⅱ. ①庞… Ⅲ. ①农村—社会主义建设—研究—康县 Ⅳ.①F327.424

中国版本图书馆CIP数据核字（2016）第094150号

责任编辑　姜　静

责任审读　霍宏涛

责任印制　马小宾

封面设计　久品轩

出版发行　中国经济出版社

印 刷 者　北京科信印刷有限公司

经 销 者　各地新华书店

开　　本　710mm × 1000mm　1/16

印　　张　15.75

字　　数　200千字

版　　次　2016年5月第1版

印　　次　2016年5月第1次

定　　价　58.00元

广告经营许可证　京西工商广字第8179号

中国经济出版社 网址www. economyph.com　社址 北京市西城区百万庄北街3号　邮编100037

本版图书如存在印装质量问题，请与本社发行中心联系调换（联系电话：010-68330607）

代 序

康县美丽乡村建设的成效与特点

2015 年 5 月，甘肃省政府参事室组织参事对全省双联惠农贷款实施效果进行专项调查评估，我被确定为这个项目的负责人，并带第一组去了陇南的礼县、西和、成县和康县。在调研过程中，发现康县美丽乡村建设搞得很有特色，值得推广，于是决定扩大调研范围，形成更多调研成果，从多个方面总结这种模式。

同年 8 月，甘肃省政府参事室安排由我牵头与兰州财经大学党委书记梁亚民教授、兰州财经大学统计学院院长、省政府参事室特约研究员庞智强教授等一起对康县美丽乡村建设进行专题调研。我建议这次调研要确定一个题目，做三篇文章。一个题目是产生一个美丽乡村建设的康县模式；三篇文章，一是搞一个参事建议，二是写一篇美丽乡村建设康县模式的通讯报道，三是编著一本像费孝通《江村经济》那样的书。我的这一想法得到了大家的赞同。

调研结束后，我们带着如获至宝的激动心情，撰写出了参事建议呈报省委、省政府，得到了省上主要领导的批示和肯定；通讯报道在《甘肃日报》2015 年 9 月 25 日理论版头条刊出；如今，庞智强院长的专著《美丽乡村建设的康县模式》也集结成册，将要付梓，这些也算是我们调研的成果吧。

庞院长是甘肃省 555 创新人才、甘肃省领军人才，多年来致力于调查技术与西部社会经济发展问题的统计实证研究，出版和发表了很多有分量的学术专著和论文。我与他接触的时间虽然不算太多，但他出色的专业水准和敬业负责的精神以及对农村、农民的深厚感情，给我留下了深刻印象。他邀我为他的这本书作序，我欣然答应并认真阅读了书稿。我觉得，这两年反映康县模式的东西不少，但像庞院长这本书一样深入调查、系统总结、全景展现的还没有。全书既有生动翔实的描写，也有令人信服的观点，还有中肯可行的建议。相信这本书的出版，不但是对康县模式的一次宣传，而且对康县进一步推进美丽乡村建设也会大有裨益，并将对其他地方的美丽乡村建设提供一个可以借鉴的模板。掩卷之余，结合自己对康县模式的一点思考，总结了康县模式的几个特点和成效，权作序，也算是对这本专著的一点补充。

一、康县模式的初步成效

1. 村容村貌漂亮了

第一天，刚进入康县地界，就踏进了康北花园式行政村，映入眼帘的是一片错落有致、风格各异的村居，一个比一个独特，一个比一个漂亮，我这个陇南土生土长并在当地工作几十年的陇南人，也对眼前景象惊叹不已。村容村貌发生了变化，这是因为居住的环境变了，交通变了，危房变新房了。原来十里八里挑水吃，现在用上了自来水，原先房前家畜粪便满地、苍蝇蚊子成群，康县县委、县政府指令乡镇干部包村连户给群众办培训班，手把手教群众如何讲卫生、叠被子、洗衣服，给猪牛羊搭圈棚；乡镇月月评比，县上有关单位季度通报，改变了环境，转变了群众生产生活的观念，纠正了农民的传统习惯习俗，这是多么不易之事！

接连五天的调研，我们被看到的景象深深地感染了，内心深受震撼。真没有想到，美丽乡村建设短短几年，就让康县农村发生了如此巨大的变化，真是精准扶贫的好抓手、大平台。

2.脱贫致富有路子了

通过美丽乡村建设，农民居住条件逐步改变，生产生活条件得到改善，农民回乡创业的多了。过去出去打工的村民，近两年返回来了，在本地发展产业致富。因为环境变了，生产生活条件变了，政府的平台建起来了，几乎一村一品。

别的地方农村土地荒芜多，但康县没有，盯住亚热带过渡气候特点，大力发展特色绿色农业经济，关键是生产的产品能运出去了，打工的人返回来成了乡村致富的带头人，带来了新的观念和文化，影响一家人甚至一村人。康县没有“空心村”，整个是一个忙建设、干自己事业的局面。同时，康县利用其亚热带气候形成的旅游季节差，鼓励农民发展乡村旅游产业。乡村的硬件改善了，再加得天独厚的亚热带过渡气候形成的天然植物园，群众学会了创造条件和利用条件，发展第三产业。

康县村村都是旅游村，截至2015年底，建成生态旅游专业村50个，123家农家客栈的615个标间设有1230张床位。天气炎热时，陕西汉中、西安，四川广元、绵阳，部分兰州客人来康县避暑度假。县上建立了旅游网站，具备条件的乡村客栈的名称和床位情况都发在了网上，客人们从网上订客栈，自驾游直奔目的地。旅客们住下，有兴趣的自己从园子里采选蔬菜，还教导孩子这是什么菜、那是什么果子，结在什么树上，客人带来的孩子也受到立体影响的教育，其乐融融，客、主都受到了启发教育。2015年，康县接待游客149.8万人次，实现旅游综合收入7.49亿元，旅游业得到了蓬勃发展。

乡村旅游的发展促进了当地村民观念的进一步转化，带进了新的思想和文化观念，村看村、户比户，为后续发展注入了活力。康县水潮、山潮、人潮交织相融，处处生机勃勃。

3. 村民的精神面貌变了

过去美丽乡村建设工作都是由县委、县政府行政推动，遇到上面检查时，乡上和村上才组织农民清理环境卫生。现在不论检查不检查，乡镇都自觉比着干，群众自觉自愿地干，甚至倒逼着政府干。农民是村庄的主人，也是美丽乡村建设的参与者、受益者。随着美丽乡村建设的深入推进，越来越多的农民分享着美丽乡村的建设成果，进一步激发了农民的积极性、主动性和创造性，变“要我建”为“我要建”，变“等等看”为“主动干”，积极献计献策、主动投工投劳，参与美丽家园建设。

如今，美丽乡村建设得好不好，也成了小伙子找对象、姑娘谈婚论嫁的条件。一条条村规民约，没有多少华丽词语：“个人卫生今天你讲究了吗？”“家庭内外今天你整理了吗？”“房前屋后今天你清扫了吗？”“公共清洁今天你爱护了吗？”语言朴实明白，老百姓一听就懂，听明白了马上能够对照着去做。

4. 农村文化味浓起来了

建成后的康县美丽乡村，都设计规划有文化、健身和娱乐设施。大小不等的文化广场，供村民休闲健身，小聚闲聊。农耕文化馆里虽没有现代化的陈设，但几件旧家具、老农具，几个石碾子、大磨盘，几幅老照片、一篇村史录，甚至一盏油灯、一个木马勺、一个老海碗、一段旧家训，就足以展现农村的沧桑历史；甚至什么时候出过第一个秀才，什么时候有了第一台缝纫机在村史馆里也能了解到；有的村大姓人家还有传世家谱，也捐赠出来收藏于村史馆，在白杨乡偏僻的朱家沟村村史馆里，竟然还藏着村民捐献出来的康县最早的全套手写县志。

一面面文化墙，水泥加瓦片，轻描淡写之间，男嫁女娶的风俗被活灵活现地勾画了出来，一个个反映仁义礼智信、温良恭俭让等中华传统美德的故事，一段段村落历史传说、村民史话，被村民用看似质朴的画笔随意几下描绘出来，竟也演绎得神形兼具、惟妙惟肖，绝不逊色于一些所谓名家大师的作品，真是高手在民间，令人折服、叹为观止。

乡村建设好了，环境改善了，群众的精神面貌变了，人与人和谐了，偷窃、打架斗殴的现象没有了；人与自然和谐了，砍光烧光吃尽的现象没有了；社会秩序和谐了，民事纠纷和刑事案件逐年大幅度下降了。

二、康县模式的主要特点

1. 生态资源保护与有效利用结合得好

农村民居分散，不太容易展现政府规划的“政绩”。一些地方往往把新农村建设搞成“样板”或统一模式，这样容易表现政府工作的成绩；而康县却注重整体性的长远规划，坚持“生产发展、生活宽裕、乡风文明、村容整洁、管理民主”的理念，坚持生态环境资源的保护和有效利用、人与自然和谐相处、农业生产方式转变、农村可持续发展、农村文明传承与保护的思路，以基础设施配套化、村容村貌园林化、家庭院落花园化、村风民风和谐化、管理机制长效化、经济发展产业化的“六化”建设为重点，着力实施生态人居建设、生态环境提升、生态经济推进、生态文化培育、长效管理落实、基层组织建设“六大行动工程”，把整个县作为生态旅游大景区、每个乡村作为旅游景点、每一农户作为旅游小品，全面打造生态特色鲜明、群众生活富裕、村容村貌整洁、乡村文化繁荣的生态文明新农村。

2. 自然环境与农民生产生活结合得好

将自然环境与农民的生产生活紧密结合，农民没有背井离土，没有大搬迁，没有大集中，就地城镇化；村村通水泥公路，通自来水，通电、通电话，村民享受到了公益服务的均衡待遇。结合村民的居住条件，根据地理环境、气候条件、文化特点和产业特色，充分尊重村民意愿，因地制宜建设美丽乡村，通过政府引导、项目带动，科学处理了群众生产与生活的关系，激发了群众参与美丽乡村建设的积极性和主动性。

在建设内容方面，根据各村所处的地貌特征、地理地势、自然环境、交通状况、物产品种等特点，区分精品村、示范村和达标村等不同标准，以及生态旅游型、古村修复型、产业培育型、环境改善型、易地搬迁型等不同类型，尊重自然，尊重科学，因地制宜，力求建设内容符合当地自然条件，方便农民的生产生活，兼顾美观协调，构建舒适的农村生态人居体系，创造生态优美的人居环境。

3. 庭院经济和规模经济结合得好

依山傍水，充分尊重自然地貌特点，各村都有自己的独特村容村貌。没有搞千篇一律，不搞整齐划一的样板工程，既尊重群众意愿，又服从统一规划。房前屋后的田园子地，收益比大块地要高出三四倍，农民是离乡不离土的。20世纪70年代和后来一段时间，甚至现在一些地方搞的大迁移、大集中都是失败的，房子一幢一幢的，群众却不愿去住，原因就是没有将群众的生产与生活很好地结合起来。

4. 抓“票子”与治脏乱齐步走

美丽乡村建设的目的就是为农民创造一个舒适、美观、环保的人居环境；但光有环境还不够，还要为农民创造可持续的生产条件，并有相应的物质条件维持这种环境。康县在规划伊始便注重把发展农村产业与改变村容村貌协调推进，因地制宜编制村庄产业发展规划，大力发展绿色、环保、无污染的绿色农业，积极发展乡村旅游业、乡村生态农产品加工业，促进农民创业就业，增加农民收入，实现“村有增收产业、户有增收项目、人有增收计划”。

同时，康县美丽乡村建设以突出治理乱堆乱放、乱修乱建、乱采乱挖、乱砍乱伐、乱贴乱画“五乱”为重点，扩大村庄整治工程建设面，构建优美的生态环境体系；以提高农民群众生态文明素养，形成农村生态文明新风尚为目标，加强文明知识普及教育，增强村民的可持续发展观念。

5. 没有围墙的开放式乡村

随着农民生活条件的改善，在很多乡村，旧屋大多拆了建成新房；但家家户户新房周围都会筑起一圈围墙，并安上铁门加上锁，成为出入家门的唯一通道。虽然从安全的角度看，有它的好处，但这一围，也隔断了与左邻右舍相互往来的便利。

康县美丽乡村建设，从规划的时候就没有设计围墙，完全是开放式、放射状的村庄，既节省了地皮、节约了建设成本，也打开了村民之间相互设防的“心墙”。家家户户的物资都堆放在外边，也没人偷，很安全，可以说是夜不闭户、路不拾遗！

6.不折腾，不反复，咬定青山不放松，一张蓝图绘到底

康县美丽乡村建设，得到了陇南市委、市政府历任领导的大力支持。时任市委书记王玺玉专门做出批示并多次调研指导，现任市委书记孙雪涛、市长陈青也多次指示并现场调研，帮助解决具体问题。

搞美丽乡村建设，有人说是“将粉搽在了屁股上”，但康县和有些地方搞的形象工程不一样，时时处处突出的是脱贫和富民。从张庆宏书记、王钧县长开始谋划破题，到王钧书记、文元旦县长坚持推进，再到李廷俊书记、文元旦县长完善提升，尤其是李廷俊、文元旦主政康县的这几年，坚持把美丽乡村建设作为精准扶贫、精准脱贫的主要抓手和最大平台，精准聚焦、凝心聚力，推动美丽乡村建设在全县范围向纵深推进，取得了实质性的进展。

现如今，全县三分之二的行政村建成了美丽乡村，美丽乡村数量之多、标准之高、效果之好，全国少有。正是因为历届县委、县政府班子和几任领导能够认准一个目标，不为周围的议论所动摇，咬定青山不放松，一套规划管到底，一届接着一届干，一任接着一任做，不折腾、不反复，县人大、县政协发挥工作经验丰富的优势，主动出谋划策，主动真抓实干，主动包片联乡，劲往一处使，乡、镇、村、社领导干部各负其责，苦抓苦干，基层党组织积极发挥堡垒作用，短短几年下来，全县大变样——农村美了，产业发展了，环境改善了，村民富了，一个个美丽乡村，星罗棋布地点缀在南北东西，全县成为旅游大景区。

康县把推进美丽乡村建设作为农村、农民、农业“三农”工作的总抓手和精准脱贫致富的大平台，并结合有人干、有规干、有钱干、有劲干的“四有”型基层组织创建，给乡镇、村、社基层党组

织提供了用武之地，激发了乡镇、村、社干部为民富民的积极性，锻炼出了一批能谋事、能干事、干成事，了解群众思想、群众情绪、群众需求，会做群众工作，公平分配群众利益的好干部。

7. 各炒一盘菜，共办一桌席

康县财力有限，美丽乡村怎么搞？康县以“一事一议”专项资金为引子，整合各类资金，调配各类资源。

为了使各类资金使用得合理合规，康县的办法是：每年美丽乡村建设都在前一年末按区域有计划地几上几下规划、安排和争取下年度资金时，“一事一议”的项目资金和涉及水利、交通、扶贫、以工代赈、公路交通、危房改造、产业开发、种植、加工等的项目资金都向规划到的区域乡村倾斜。项目重点扶持，资金重点使用，资金投向用途不变，下一年度再规划其他区域。依此连续多年一步一个脚印往前走，持续向前推进。

李 堋

2016 年 4 月

（代序作者李堋为甘肃省财政厅原副厅长，现任甘肃省人民政府参事。）

目　录
CONTENTS

引　言

康县地处甘肃东南部，甘肃、陕西、四川三省交界地带，境内山大沟深、交通不便、信息闭塞，山高坡陡，土地瘠薄，素有“八山一水一分田”之称。

近年来，康县紧紧抓住国家和甘肃省精准实施集中连片贫困地区扶贫开发战略的历史性机遇，紧密结合当地实际，依托山水生态优势，摈弃片面追求GDP的做法，牢固树立科学发展的理念，按照“生态为基、发展为要、民生为本”的发展战略，充分吸收借鉴外地先进经验，解放思想，转变观念，提高认识，不断提升工作能力和水平，把美丽乡村建设当成最大的民生工程来抓。尤其是2012年以来，康县进一步调整工作思路和方法，以打造生态环境最优美、村容村貌最整洁、产业特色最鲜明、公共服务最健全、乡土文化最繁荣、农民生活最幸福的新型农村社区为目标，连续五年以县委“一号文件”来全面安排、持续推进美丽乡村建设。

在建设过程中，康县因地制宜地采取整村就地重建、整村异地重建、风貌改造、分散自建等多种形式，与灾后重建、农村危房改造、农村畅通工程、乡村旅游开发、扶贫攻坚行动等紧密结合，把每一农户作为一个旅游小品、每个乡村作为一个旅游景点、整县作为一个生态旅游大景区来规划和实施。秉承了“生产发展、生活宽裕、乡风文明、村容整洁、管理民主”的建设宗旨；坚持了生态环境资源的保护和有效利用、人与自然和谐相处、农业生产方式转变、农村可持续发展、农村文明传承与保护的建设思路；突出了基础设施配套化、村容村貌园林化、家庭院落花园化、村风民风和谐化、管理机制长效化、经济发展产业化的建设重点；建立健全了“一张蓝图绘到底、一届接着一届干”的持续推进机制，“项目跟着规划走、资金跟着项目走”的规划引领机制，“党委统一抓、书记全盘抓、成员分工抓、部门配合抓、基层具体抓”的责任落实机制，“县级主要领导带头、四大班子齐动、联村联户部门实帮、乡镇村社大干”的上下联动机制，“各炒一盘菜、共办一桌席”的部门协作机制，“多个渠道进水、一个池子蓄水、一个龙头出水”的资源整合机制，“不撒胡椒面、不搞一刀切”的分类指导机制，“群众打底子、政府上面子”的群众发动机制，“学着干、比着干、抢着干、偷着干”的争先创优机制；“一月一督查、一月一排序、一月一通报”的检查监督机制，“六争六评、一日五问、小手拉大手”的文明创建机制，“村内事、村民定，村民建、村民管”的长效管理机制等一系列建设机制；着力实施了生态人居建设、生态环境提升、生态经济推进、生态文化培育、长效管理落实、基层组织建设六大行动工程；持续奏响了乡村清洁活动、新农村建设活动、美丽乡村建设活动、乡村产业开发活动四部曲。

截至2015年底，在全县350个行政村中高标准建成了236个“天蓝地绿水清、村美院净家洁、安居乐业和谐”的美丽乡村，并且在农村基础设施建设、产业培育、风貌打造、环境治理、文明创建、民主管理和机制创新等方面探索出了一整套行之有效的做法，在破解长期以来制约农村发展的一系列难题方面积累了大量可复制的成功经验，形成了美丽乡村建设的康县模式。在激发广大农民群众脱贫致富的热情，促进当地农村全面发展、农业产业开发和农民增收致富的同时，也对国内其他欠发达地区甚至全国的农村建设与发展都起到了积极的示范作用。

得益于美丽乡村建设，康县先后获得“中国最佳生态宜居旅游目的地”“中国最美绿色生态旅游名县”等众多荣誉。2014年以来，在康县先后召开了甘肃省全省改善农村人居环境行动现场会、全省农村危房改造暨村庄风貌建设现场会、全省乡村舞台建设推进会、文化部贫困地区公共文化建设研讨会暨甘肃省“乡村舞台”建设观摩会。2015 年 8 月 13 日至 14 日，康县县委书记李廷俊作为甘肃代表，参加了由中宣部、中央文明办在浙江湖州召开的全国农村精神文明建设工作经验交流会并作经验交流，会议对康县以美丽乡村建设为载体，扎实开展“四新竞赛”“六争六评”等活动，深化农村精神文明建设给予了充分肯定。康县阳坝镇、王坝镇大水沟村在“寻梦 · 2015 中国最美村镇”评选中分别获得产业富裕奖和文化遗产奖。在 2015 年全省改善农村人居环境“千村美丽”示范村建设考核中，康县荣获优秀县区第一名。2016 年 1 月 18 日，中央文明办一局致信李廷俊书记予以勉励。经李廷俊书记同意，现将上述来信全文和李廷俊书记的批示附录如下：

尊敬的李廷俊书记：

2015 年 8 月 13 日至 14 日，中宣部、中央文明办在浙江省湖州市召开了全国农村精神文明建设工作经验交流会，中共中央政治局委员、中央书记处书记、中宣部部长、中央文明委副主任刘奇葆同志出席会议并作重要讲话，强调要以美丽乡村建设为主题深化农村精神文明建设，明确提出实现农村乡风民风、人居环境、文化生活“三个美起来”的任务要求。中宣部常务副部长、中央文明办主任黄坤明同志作总结讲话，把美丽乡村建设任务细化为 12 项具体项目。各省、自治区、直辖市选派 1 个美丽乡村建设工作扎实、成效显著的县（区）的县（区）委书记参加会议，您作为会议代表全程参加了这次会议。

建设美丽乡村，是党中央深入推进社会主义新农村建设的重大举措，是在农村落实“四个全面”战略布局和五大发展理念，全面建成小康社会的重要抓手。你们作为主政一方的县（区）委书记，把农村精神文明建设工作摆上重要位置，作出了可喜成绩。在此，感谢你们对中央文明办工作的大力支持。2016年，中央文明办将和各相关省、市、县一起努力，把参会的31个县（区）抓成农村精神文明建设工作示范点，总结推广31个县（区）的经验做法，发挥好31个县（区）的示范带头作用。

作为这31个县（区）的代表，希望你们认真学习领会习近平总书记系列重要讲话精神，学习贯彻党的十八大和十八届三中、四中、五中全会精神，深入贯彻落实全国农村精神文明建设工作经验交流会要求，坚持以美丽乡村建设为主题，持之以恒、久久为功，努力实现“三个美起来”的奋斗目标。在工作中要抓好12项重点项目实施，实实在在地为广大农民群众办好事、办实事。希望你们按照即将出台的国家“十三五”文化改革发展规划纲要的要求，因地制宜、分步推进，在“十三五”时期率先实现50%以上村镇达到县级及县级以上文明村镇标准，着力改变农村环境面貌，丰富农民文化生活，提高农民文明素质和农村文明程度,让农民群众真正分享发展和精神文明创建的成果，让人们感受到农村确实是全面小康的样子。希望你们保持良好工作态势，发挥排头兵作用，奋发有为、开拓进取，努力以精神文明建设新成就扮靓美丽乡村，不断开创农村精神文明建设工作新局面！

春节将至，祝您新春愉快、阖家幸福、工作顺利！

中央文明办一局

2016 年 1 月 18 日

李廷俊书记批示："请转发各党组并各乡镇各单位党委、党支部，请同志们继续保持不骄不躁、自强不息、争创一流的精神，按照 2016 年县委 1 号文件精神，早谋划早动手抓好今年的美丽乡村创建和乡村大舞台建设工程，为统筹城乡一体发展、建设生态美丽康县作出让全县父老乡亲满意的新答卷。"

康县美丽乡村建设的实践与经验，也引起了各级领导和各有关方面的高度关注。

全国政协原副主席、中国科学院院士王志珍 2015 年 8 月 22 日至 23 日在康县实地查看了美丽乡村建设后说：康县在美丽乡村建设中干的工作都是让老百姓高兴的事，做的每一件事都是为了让老百姓开心。全国人大常委会农业委员会主任陈建国 2015 年 10 月 12 日在康县调研时指出：康县的美丽乡村建设，立足自然资源下了大功夫。时任甘肃省委副书记、省长刘伟平 2014 年 6 月 23 日在康县调研时指出：康县在美丽乡村建设上已经做了好的示范，召开了全省的现场会。康县还是全省精准扶贫和城镇化建设的试点县，希望你们的工作走在全省的前面，不辜负省委、省政府的希望。

甘肃省委副书记欧阳坚 2014 年 5 月 14 日在康县召开的全省改善人居环境行动现场会上指出：康县农村这几年发生的巨大变化，

不仅富起来了，而且美起来了、乐起来了。在一个国家级贫困县，能把农村建成这样，让我们惊讶，使我们震撼，令我们叹为观止。这不仅凝聚了心血、凝聚了智慧，更体现了一种求真务实，为民做好事、办实事的作风，很多方面值得深思、总结和学习。康县在美丽乡村建设上的经验和做法，就是全省新农村建设的未来方向。

时任甘肃省委常委、宣传部长连辑 2015 年 3 月 31 日在康县召开的全省乡村舞台建设第五次推进会上指出：康县把乡村舞台建设与美丽乡村建设、文化旅游产业发展、环境生态整治、科技和“互联网 +”、提高群众道德素质紧密结合，统筹谋划推进，在美丽乡村建设、乡村旅游发展中推出乡村舞台，整体感很强，丰富了新农村建设的内涵，拓展了乡村舞台的内容，开发了文化产品，改善了农村环境，发展了乡村旅游，打造了一批特色村、旅游村，为农村小康建设打下了厚重的基础。

甘肃省委常委、统战部长王玺玉在担任陇南市委书记期间曾于 2012 年 3 月 28 日对康县生态文明新农村建设提出了十条指示要求：一要把握目标，紧盯任务；二要规划引领，科学设计；三要分类指导，分层推进；四要拓展资源，整合力量；五要降低成本，保证质量；六要明确主体，发动群众；七要加强管理，形成制度；八要加强教育引导，树立文明新风；九要着眼长远，推动产业发展；十要学习推广徐罗经验，确保走在全市前列。

现任陇南市委书记孙雪涛 2014 年 3 月在康县调研美丽乡村时指出：康县要围绕精准扶贫全面建成小康的总目标，在美丽乡村建设中坚持规划引领，一张蓝图绘到底；突出特色，一任接着一任干；整合资源，集中力量办大事；综合配套，美丽乡村先树人。以“433”发展战略为引领，加快推进向南开放步伐，在建设生态旅游大景区工作中取得更大成效。

陇南市人大常委会主任杨全社 2014 年 8 月在全市项目建设及重点工作观摩督查康县总结会上指出：康县在城乡一体化发展上积累了成功经验和有效做法，真正实现了项目资源整合，成为“农业学大寨”之后一种新的发展模式。全县围绕打造生态旅游大景区，生态文明新农村、生态文化旅游风情线等各项工作齐头并进，产业围绕旅游调结构，交通围绕旅游保畅通，城建围绕旅游提品位，林业水利围绕旅游造景观，文化围绕旅游树精品，宣传围绕旅游造声势，全县围绕旅游聚活力，体现了康县扶贫开发的新模式、发展旅游的新理念、城乡一体的新趋势、工业园区建设的新后劲、各级干部敢于担当的新水平。

陇南市委副书记、市长陈青 2014 年 11 月在康县调研时指出：乡村旅游是精准扶贫的一大产业，康县美丽乡村建设为乡村旅游发展奠定了基础，是市里推进乡村旅游的重点，要依托丰富的旅游资源，科学规划、合理建设，打造乡村旅游示范基地。长坝镇花桥旅游示范村建设要着眼长远、因地制宜、突出特色，把花桥村打造成吃、住、游、娱、购为一体的自驾游基地。阳坝小城镇和景区的建设要根据规划，尽快起步，完善设施，充分发挥阳坝在康县旅游中的带动作用。

陇南市政协主席任跃章 2014 年 3 月在康县调研时指出：近年来康县四大班子在县委的带领下，团结带领全县各级组织和干部群众求真务实谋发展、一心一意干事业，美丽乡村建设既解决了农村基础设施建设、危房改造、乡村风貌建设问题，又改变了群众落后的生活习惯和思想观念，带动了产业发展和农民增收，打造了康县工作的特色和亮点，真正为群众造福谋利；生态旅游文化风情线建设，实现了几届班子的愿望，康县处处是景，为下一步的发展打下了好基础。

全国人大、农业部、文化部、甘肃省人大、甘肃省人民政府参事室等众多部门先后组织深入康县考察调研美丽乡村建设，陕西、四川、宁夏、青海、湖北、广西等6省30多个市州150多个县区6000多人先后来康县考察学习美丽乡村建设经验，新华通讯社、中央电视台、《甘肃日报》等众多媒体也纷纷从各个角度宣传报道了康县的美丽乡村建设。

全国人大农业与农村委员会《人大农业与农村工作》2014年12月12日第51期简报专稿刊发《建设美丽乡村的“康县模式”》。

新华通讯社《国内动态清样》2015年7月2日第2903期刊登记者2015年年初在康县的蹲点调研笔记《“低成本，不折腾，高成效”——甘肃康县“美丽乡村”改造纪实》，新华网随后以《西部贫困乡村“变形记”》为题进行了报道。附录如下：

西部贫困乡村“变形记”①

新华网兰州7月20日电（记者王宏伟、屠国玺、荣启涵）贫困乡村，常常让人与“脏乱差”联系在一起。而身处西北贫困山区的甘肃省陇南市康县，却呈现出一幅“山清水秀、村美院净”的景象。

记者近日在康县蹲点调研时发现，当地在“美丽乡村”建设中没有大拆大建，“折腾”农民，而是通过整合资金、就地取材、变废为宝等“低成本”方法，迅速改变农村人

① http://news.xinhuanet.com/local/2015-07/20/c_1115977663.htm.

居环境。三年时间，康县350个村庄中已经有211个建成“美丽乡村”。

就地取材“改造” 一样能有“家乡好风光”

距镇政府35公里的干江坝村，是康县阳坝镇最偏远的村庄。现在，它有了新名字“梅园新村”。

2012年，大学生村官雍艳花第一次来到干江坝村，这里的场景让她晚上躲在屋里偷偷抹眼泪。“像回到原始社会，几乎与外界隔绝”，雍艳花说，三年前的这里道路坑坑洼洼，出山赶集需要两天时间，没信号覆盖，手机只能当闹钟用，全村只有一部应急救灾的电话。村民们住的是木石结构的简易房屋。

三年里，村里修好了水泥路、盖好了砖瓦房、建成了村民休闲广场。位于阳坝风景区里的干江坝村，终于同这里的青山绿水融为一体，根据当地特点建设了水景及拱桥，还专门设置了环保公厕和垃圾房。

在康县200多个乡村大变样的背后，每个村庄也都探索出了自己的模式。

当地的危房改造、道路硬化、地基处理、沟道砌筑等，都尽力做到就地取材。废旧的瓦片变成路边装饰墙，树枝竹片用到了垃圾房修建上。走进现在的干江坝村，不经意的一个细节，都能让你发现旧物利用的美丽点缀。

村主任马成璟告诉记者，改造过程中尽可能做到“不砍一棵树、不埋一眼泉、不毁一株草、不挪一块石”，这样做除了保护生态，还有节约资金的考虑。

家门口的产业　一样能脱贫致富

没有人，再好的环境也缺少生机，没有产业，贫困乡村就难以留住人。

在乡村风貌和人居环境发生变化的同时，康县开始因地制宜培育相关产业，尝试破解在西部农村突出的“空心化”问题。

今年上半年，在对口帮扶的陇南市委组织部支持下，干江坝村27名懂技术的农民成立了建筑工程队，现已承接了当地两个村级卫生室和14户农房建设。今年28岁的张先武说，他初中毕业就到深圳打工，在外花销大、工作累，现在回到家乡干活，既能存住钱又能种地、照顾家人，每个月有近3000元的收入。

康县城关镇凤凰谷村坐落在幽静的凤凰山脚下，今年年初，村里依托原有的农家乐资源开办起乡村旅游度假公司。得知这个消息，村民王万龙决定不再去北京的酒店当“领班”了，而是留下担任乡村旅游公司的经理。比起在外打工的高收入，他更看好家乡发展乡村旅游的潜力。正值暑期休闲旅游高峰，凤凰谷客栈的房间已被抢订一空。“比起分散的农家乐，公司化管理更规范”，王万龙说，村子依山傍水，又有多种蔬菜瓜果采摘的条件，是近郊休闲游的理想选择，他希望从一开始就“高标准定位”，通过旅游公司为村里提供更多就业。

环境改变和产业发展，激励了当地群众精神状态的“锐变”。贫困面高达60%的周家坝镇西沟村从去年开始“美丽乡村”改造，镇党委书记郑绍邦说，以前村民对于脱贫没有信心，自从村容改变了，村民们笑脸多了、卫生意识强了、谈发展的也多了。

不大拆大建　一样能建成“美丽乡村”

作为国家扶贫开发工作重点县，康县财力较弱，但当地通过统筹项目资金，充分发挥政府投入的杠杆作用，在改造过程中因地制宜、就地取材。不搞大拆大建、“不折腾”是康县“美丽乡村”建设的实践经验，也是充分调动群众积极性的有效做法。实现了群众共同投资投劳，使“美丽乡村”建设能够在这个贫困的西部县快速推进。

缺项目、少资金，是目前“美丽乡村”建设过程中普遍存在的问题。康县县委书记李廷俊介绍，2014年康县财政预算收入仅为1亿多元，但县上下决心拿出其中的4000万元用于“美丽乡村”建设。通过2014年各类资金整合后再投放，郑绍邦说，他们村上可以拿到近500万元。

“美丽乡村”建设，既要留住记忆中的乡村味道，又要发展现代化的公共服务。康县充分尊重农村特点，不搞大拆大建和“一刀切”。按照生态旅游型、传承文化型、环境改善型等不同类型，为全县350个村编制了各具特色的“路线图”。根据城镇郊区、公路沿线、旅游景区、高半山区等不同区位特定，确定不同的建筑风格、建设标准和创建方式。

在“美丽乡村”建设初期，许多群众都存在顾虑，害怕被拆房、被占地、多花钱。“不折腾”的做法充分得到了老百姓的认可，调动了大家投资出力的积极性。

今年60岁的王世贵一辈子没离开过西沟村。如今，水沟清了、路上垃圾没了，更让他欣慰的是，一直以来最令他担心的“西沟手工挂面”传统技艺失传问题，也随着年轻人返乡创业及公司化发展继承而得以解决。“修了路、有了网、变美了，年轻人愿意回来干事业，我们农村才有希望。”王世贵说。

《甘肃日报》2015年9月25日在理论版头条刊发甘肃省政府参事室专题调研报告《美丽乡村建设的康县模式》。

甘肃省委农村工作办公室《甘肃农村要情》2015年10月14日第25期编发《改善人居环境，发展乡村旅游，全力推动美丽乡村建设成果向经营成果转化——康县探索贫困山区经营美丽乡村脱贫之路》。

中央电视台七频道先后在《乡村大世界》栏目播出了“美丽乡村、魅力康县”（2015年1月10日）节目，《乡土》栏目播出了“丰收季里忙丰收”（2015年8月12日）的乡土故事。

然而，迄今为止关于康县美丽乡村建设的所有材料（包括各种工作总结材料、各种媒体宣传材料），以宣传介绍性的占绝对多数，并且相互之间多有交叉重叠，而真正上升到理论层面，对美丽乡村建设的康县模式进行深入系统地专题分析研究的成果还少之又少。本书作为尝试，试图从理论上就康县模式的背景、康县模式的形成、康县模式的内涵、康县模式的效果与启示等进行一次全面的挖掘探讨，以求抛砖引玉之效。

第一章阐述康县模式的背景，从两个方面展开，一是新中国成立以来持续推进社会主义新农村建设，特别是近年来美丽乡村建设的大背景；二是当地老百姓强烈要求改善农村地区历经千百年来传统落后的发展面貌、早日实现脱贫致富奔小康的现实需要。

第二章探讨康县模式的形成，从过程来看经历了五部曲，始发端于“5·12”汶川大地震之后的灾后重建，发展于其后的乡村清洁行动、生态文明新农村建设行动，成熟于农村人居环境改善行动和正在深入实施的以乡村产业发展为核心的乡村经营行动。

第三章论述康县模式的内涵，分别从美丽乡村的建设理念、建设目标、建设原则、建设内容、建设类型、建设标准，以及建设措施等方面展开。

第四章总结康县模式的建设成效与启示，重点从改善了基础设施条件、彰显了人与自然和谐、提高了资源利用效率、实现了统筹协调推进、促进了特色产业发展、激活了农村消费市场、提高了农民收入水平、提升了农民生活品质、促进了县域经济的发展、提升了基层治理能力等角度总结梳理了建设效果，并从一个强有力的领导班子、一套健全的工作机制、一套科学的资源整合方法、一套合理的建设措施等角度归纳提炼出了可以学习、复制的16条建设启示。

第五章先是描绘出康县已经建成236个美丽乡村的图谱，然后以掠影方式介绍几个典型美丽乡村，重点突出建设的效果。

第六章主要介绍了保障康县美丽乡村建设的七个基本建设制度。

书中所涉及统计数据未加标注的时间节点统一为2015年底，所用照片全部由康县农办搜集提供。

第一章　康县模式的背景

美丽乡村是依托农村空间形态、遵循社会发展规律、坚持城乡一体发展、农民群众广泛参与、社会各界关爱帮扶、注重自然层面和社会层面、形象美与内在美有机结合，不断加强农村经济、政治、文化、社会和生态建设，不断满足人们内心感受又不断实现其预期建设目标的一个循序渐进的自然历史过程。[①] 因此，研究美丽乡村建设的康县模式，认识康县模式的意义，首先必须先要对我国社会主义新农村建设与发展的历程有一定程度的了解，同时还应对昔日康县农村长期脏乱差、慵懒散的人居环境面貌和今日国扶贫困县的基本县情有充分的认识和理解。

① http://www.gzqianxi.gov.cn/Item/18647.aspx.

一、社会主义新农村的建设历程

回顾新中国成立以来建设社会主义新农村的历程，大体上可分为四个阶段。

（一）改革开放以前：社会主义新农村建设处于初步探索阶段①

1956 年，一届人大三次会议通过的《高级农业生产合作社示范章程》提出了“建设社会主义新农村”的奋斗目标，实际就是建设社会主义新农村的法规。1955 年制定、1957 年发布的《1956 年到 1967 年全国农业发展纲要（草案）》，不仅提出了建设新农村的任务，还全面规划了社会主义新农村建设的具体内容，标志着建设社会主义新农村成为农村发展的总方向。1960 年 4 月，二届全国人大二次会议决议进一步明确指出：“中共中央制订的 1956 年到 1967 年全国农业发展纲要，是高速度发展我国社会主义农业和建设社会主义新农村的伟大纲领。”60 年代初，为了解决粮食危机，中央于 1963 年 12 月发出《中共中央、国务院关于动员和组织城市知识青年参加农村社会主义建设的决定（草案）》，提出在今后一个相当长的时期内，要动员和组织大批城市知识青年下乡参加农业生产，建设社会主义的新农村。这期间涌现了一批新农村建设先进典型，全国兴

① 古土 . 中国共产党建设社会主义新农村的探索历程 [J]. 中国党政干部论坛，2006（4）；孙迪亮，刘艳艳 . 中国共产党建设社会主义新农村的历史考察 [J]. 宁夏党校学报，2013（1）.

建了很多水库和灌溉工程，逐步建立了劳动保险、困难补助、生活补贴、社会救济和农村“五保”供养制度，并在人民公社建立了敬老院、合作医疗等简易的社会保障组织，在一定程度上推动了农村经济和农村社会事业的发展，也改善了农民的生产生活条件。“文革”开始后，社会主义新农村建设遭遇严重挫折、陷入停顿。

（二）十一届三中全会召开—十六大以前：社会主义新农村建设开始正式步入实施阶段①

十一届三中全会以后，建设社会主义新农村的任务被再次提出。在1982年、1983年、1984年的中央“一号文件”和1987年的中央“五号文件”中，都提出了建设社会主义新农村的任务，1984年1月中共中央办公厅在转发《全国文明村（镇）建设座谈会纪要》的通知中，还首次使用了建设具有中国特色的社会主义新农村的提法。党的十三届八中全会《关于进一步加强农业和农村工作的决定》，勾画了中国特色社会主义新农村的美好蓝图：“在全面发展农村经济的基础上，使广大农民的生活从温饱达到小康水平，逐步实现物质生活比较丰裕，精神生活比较充实，居住环境改善，健康水平提高，公益事业发展，社会治安良好。”党的十四届六中全会提出：“要以提高农民素质、奔小康和建设社会主义新农村为目标，开展创建文明村镇活动”，并实施“多予、少取、放活”的政策。党的十五届三中全会在《关于农业和农村工作若干重大问题的决定》中，从经济上、政治上、文化上对建设有中国特色社会主义新农村的内涵与任务做出全面概括，新农村建设已经成为一个系统工程。

① 古土．中国共产党建设社会主义新农村的探索历程 [J]. 中国党政干部论坛，2006（4）；孙迪亮，刘艳艳．中国共产党建设社会主义新农村的历史考察 [J]. 宁夏党校学报，2013（1）.

（三）十六大召开—十八大以前：社会主义新农村建设进入全面实施阶段①

党的十六大提出了全面建设小康社会的宏伟目标，并强调其重点和难点在于农村，必须加快农村发展，坚持城乡统筹发展。随后，2003年的中央农村工作会议进一步提出把“三农”问题作为重中之重，党的十六届三中全会提出了科学发展观和“统筹城乡发展”等“五个统筹”的要求，十六届四中全会提出“两个趋向”的重要论断。2005年，党的十六届五中全会正式提出要按照“生产发展、生活宽裕、乡风文明、村容整洁、管理民主”的20字方针，坚持从各地实际出发，充分尊重农民意愿，扎实稳步地推进新农村建设。随后的2006年2月，中央下发了《中共中央 国务院关于推进社会主义新农村建设的若干意见》，至此，建设社会主义新农村正式上升为国家战略，进入全面实施阶段。

（四）十八大以来：社会主义新农村建设迈入以美丽乡村建设为核心的升级发展阶段

党的十八大报告第一次提出了城乡统筹协调发展共建“美丽中国”的全新概念，提出：“要努力建设美丽中国，实现中华民族永续发展”，随即出台的2013年中央“一号文件”，依据美丽中国的理念第一次提出了要建设“美丽乡村”的奋斗目标，新农村建设以“美丽乡村”建设的提法首次在国家层面明确提出。作为全面建成小康社会的重大举措、美丽中国建设的重要组成部分，美丽乡村建设是在生态文明建设全新理念指导下的一次农村综合变革，是顺应社会

① 古土．中国共产党建设社会主义新农村的探索历程 [J]. 中国党政干部论坛，2006（4）；孙迪亮，刘艳艳．中国共产党建设社会主义新农村的历史考察 [J]. 宁夏党校学报 ,2013（1）.

发展趋势的升级版的新农村建设，是解决“三农”问题的总抓手。在2013年的中央农村工作会议上，习近平总书记强调指出：中国要强、农业必须强；中国要富、农民必须富；中国要美、农村必须美。建设美丽中国，必须建设好“美丽乡村”。随后，各地纷纷展开了美丽乡村建设行动，相关的标准与规范也陆续出台。2013年5月，农业部制定了《农业部“美丽乡村”创建目标体系》①，用来指导和规范“美丽乡村”创建工作。2015年5月，国家质检总局、国家标准化管理委员会批准并公布了《美丽乡村建设指南》②，对美丽乡村建设的基本要素进行了规范，成为全国首个指导美丽乡村建设的国家标准。标准内容体现了“美丽乡村村民建、建设成果村民享”的核心理念，着眼于打造美丽乡村的生态美、生活美、生产美和行为美，在村庄建设、生态环境、经济发展、公共服务等领域规定了21项量化指标，改变了以往美丽乡村建设从方向性概念转化为定性、定量、可操作的工作实践，为全国提供了框架性、方向性技术指导。

总结各地多年来开展社会主义新农村建设的实践，大致可以归纳成三种主要的建设模式。第一种是对原来的村庄房屋、道路桥梁、古树名木、文物古迹等全部拆除，按照新的规划重新进行建设的大拆大建模式；第二种是将分散居住的村民全部搬迁至环境条件比较好、设施配套齐全的新址进行集中安置的整村集聚模式；第三种是按照人与自然和谐共处、乡村原生态保护、乡村经营发展、留得住乡愁、存得住记忆等先进理念为指导因地制宜有序推进的美丽乡村建设模式。大拆大建模式对环境的破坏很大、建设成本很高，整村

①《农业部“美丽乡村”创建目标体系》见《农民日报》2013年5月15日第5版。
②《美丽乡村建设指南》为推荐性国家标准，由国家质检总局、国家标准化管理委员会于2015年5月27日发布，2015年6月1日起正式实施。

集聚模式不能很好地兼顾农民的生产与生活、不利于农村产业的培育与发展，这两种模式在很大程度上都存在着“一刀切”问题，追求千篇一律、千村一面、整齐划一的形象工程，各地在第二、第三两个阶段的社会主义新农村建设中，都曾有过实践，甚至在一些地方还被推广效仿，但作为建设模式始终难以得到老百姓的普遍认同和支持，最终在整体上均以失败告终，留下了深刻的教训。从浙江安吉①、贵州毕节②、甘肃康县等地的实践看，美丽乡村模式是目前最符合农村地区发展实际，也是最能为广大农民群众所接受的社会主义新农村建设模式。美丽乡村作为经济、政治、文化、社会和生态文明协调发展，规划科学、生产发展、生活宽裕、乡风文明、村容整洁、管理民主，宜居、宜业的可持续发展乡村，既秉承和发展了“生产发展、生活宽裕、乡风文明、村容整洁、管理民主”的宗旨思路，又顺应和深化了对自然客观规律、市场经济规律、社会发展规律的认识和遵循，建设实践更加注重关注生态环境资源的保护和有效利用，更加关注人与自然和谐相处，更加关注农业发展方式转变，更加关注农业功能多样性发展，更加关注农村可持续发展，更加关注保护和传承农业文明，是新时期社会主义新农村建设的升级版，是推动乡村永续发展的最新探索。

---

① 安吉地处浙西北，是著名的“中国竹乡”。从 2008 年起，安吉全面拉开“中国美丽乡村建设”序幕。2010 年，安吉“中国美丽乡村”建设模式正式成为“国家标准”和省级示范，被授予全国唯一的县级最佳人居环境奖。现如今，安吉县生态环境优美宜居，境内层峦叠嶂、翠竹绵延，植被覆盖率 75%，森林覆盖率 71%，被誉为气净、水净、土净的“三净之地”。安吉是国家首个生态县、全国生态文明建设试点县、全国文明县城、国家卫生县城、国家园林县城和国家可持续发展实验区，也是全国联合国人居奖唯一获得县。

② 毕节是贵州省下辖的地级市，位于贵州省西北部。从 2009 年开始，毕节市在全市广泛开展了以富在农家、学在农家、乐在农家、美在农家的“四在农家”为载体，以致富田园、生态庭园、特色庄园、文化乐园、和谐家园的“五园新村”为建设目标的生态文明新农村建设。2013 年 3 月以来，毕节市以连户路硬化和院坝硬化工程为切入点，全面实施“四在农家·美丽乡村”建设，极大地改善了农村生产生活环境、夯实了农村发展基础、增强了农村发展后劲。

二、康县美丽乡村的建设基础

（一）复杂的地理环境

康县隶属于甘肃省陇南市，取“安宁、康福”之意，以北周时之康州而得名（一说：取“永宁康泰”之意为永康县，后去“永”字改名为康县）。位于甘肃省东南部，秦巴山区南麓，陕、甘、川三省交会地带，系先秦古雍梁之地，巴蜀古道之一。东临陕西省略阳县，南接陕西省宁强县，西与甘肃省武都区毗邻，北隔西汉水（犀牛江）同甘肃省成县相望。全县总面积 2958.46 平方公里，有耕地 31.26 万亩、林地 339 万亩。

康县地处西秦岭南侧陇南山中，地质构造为昆仑秦岭地槽褶皱地带，地势西高东低，由北向南起伏大，中部高、南北低，最高海拔 2484.8 米，最低海拔 560 米。境内山大沟深、峰峦叠嶂、沟壑纵横、山势陡峻、峡谷悠长，呈现百分之百的喀斯特地貌特征。山多地少、河坝相连、土地分散、耕地瘠薄、空间狭小是康县发展最大的制约因素。地形复杂，集中连片平坦建设用地稀缺，决定了康县不适合采用“摊大饼”式的整村集聚方式来建设美丽乡村。

（二）有限的经济总量

康县经济总量小，地方财政收入有限、入不敷出，主要依赖于国家转移支付，人均收入水平低、贫困比重大，属于秦巴山区集中连片贫困地区典型的国扶贫困县。2009 年，全县生产总值只有 8.1 亿元，大口径财政收入只有 1.05 亿元，公共财政预算收入 0.4 亿元，农民人均纯收入 1915 元，城镇居民可支配收入 6600 元。财政困难，建设项目资金十分短缺，决定了康县不适合采用大拆大建的方式来建设美丽乡村。

康县农村从康北、康中到康南，从公路沿线、河坝地带到高半山区，各地生产生活条件各异、生活风俗习惯不同、群众乡土观念浓厚，大拆大建模式、整村集聚模式又行不通，因此，康县的美丽乡村只能是因地制宜地按照“蒸小笼”式的就地城镇化①思路来建设。因村制宜、依村就势，统一规划、分户建设，顺其自然、天人合一，不求大、不求洋，重在求特，最大限度地实现资源禀赋、美丽乡村建设与就地城镇化的有机融合，灵活选择美丽乡村建设类型。比如，针对生活在高寒阴湿区、深山林缘区、半山干旱区，自然条件恶劣，缺乏基本生存条件，且就地脱贫无望的贫困农村，考虑建设易地搬迁型美丽乡村。针对因道路交通等基础设施滞后、生活环境质量相对比较差的村庄，重点推进基础设施改造和生活环境整治，建设环境改善型美丽乡村。

（三）悠久的历史文化

康县历史文化悠久。在夏、商、周三代属古雍州，秦时属白马氐族驻地，汉武帝元鼎六年（公元前 111 年）始设武都郡，同年置平洛道（今平洛镇）。三国时分属秦州、梁州之武都郡，西晋初属秦州武都郡，后随武都郡入仇池国。北魏孝文帝太和四年（公元 480 年）置平洛县。唐时属陇右节度使武州覆津县（今武都三河），明时属巩昌府阶州，清初属陕西右布政使司阶州，在白马关（今云台）

① 美丽乡村建设中的就地城镇化思路，实质就是按照城镇化的标准来建设美丽乡村，让农村老百姓在不离乡土的前提下享受到和城市居民一样的生活质量。因此，要求建成的美丽乡村，要实现公共服务体系的城镇化、公共基础设施的城镇化、社会治理方式的城镇化、农业生产方式的城镇化、农民生活方式的城镇化、农民生活质量的城镇化，并在推进农村生产力向农村非农产业就地转化的过程中，最终逐步实现农村的城镇化。

设阶州直隶州白马关州判，后设白马关分州。1929 年始设康县。

康县自古就是我国西南通往西北茶马古道北线通道的必经之地，是川茶运往西北的重要交通枢纽，是西部游牧文明与中原农耕文化、古代氐羌文化与汉文化、秦陇文化与巴蜀文化的交汇之地，多元素文化的融合，在当地留存下来大量与氐羌文化、茶马古道商贾文化、三国文化、北魏仇池文化、宋金文化、太平文化，以及红色文化等有关的古城、古街、古楼、古坊、古民居、古村落、古树名木等人文景观。具有创建美丽乡村的良好文化基础，在相应村庄适合于建设古村修复型美丽乡村。

（四）优美的生态环境

康县境内无山不青，无水不秀，气候湿润，山川秀美，风光旖旎，生态旅游资源非常丰富。全县现有森林约 339 万亩，活立木蓄积量超过 1267.3 多立方米，森林覆盖率达到 66.7% 以上，林木绿化率高达 70.4%，茶园、竹海、灵山、秀水、幽谷、茂林、飞瀑、流泉构成了康县独具特色的自然生态风光，是一块难得的绿色净土，县内有近百处自然和人文景观，是西北地区生态环境最好的县之一，荣获“中国最佳生态宜居宜旅游目的地”及“中国最美绿色生态旅游名县”荣誉称号，其中，占有康南 2/3 面积的古老原始森林、阳坝茶园风光、神奇美丽的梅园沟等景点景区，堪称陇上“西双版纳”。具有创建美丽乡村的良好生态基础，在相应村庄适合于建设生态旅游型美丽乡村。

康县气候属亚热带向暖温带过渡区域，雨量充沛，气候温润，光照充足，无霜期长，生物物种十分丰富。境内有高等植物 172 科 1000 余种，特有经济林树种 30 余种，林木真菌 96 种，天麻、杜仲等名贵中药材 576 种，市场走俏的农特产品达 300 多种，国家野生保护动物数百种，素有甘肃“万宝山”之美称，是中国核桃之乡、中国有机茶之乡、中国黑木耳之乡，中国西北蚕桑重点基地县、全国经济林建设先进县、食用菌行业先进县。发展特色农业的优势十分明显，县内核桃产业全覆盖，现有核桃种植面积 59.53 万亩，年产量 8742 吨；茶园面积 5.885 万亩，有 5 个乡镇、78 个行政村、230 个合作社、6800 农户从事茶叶种植，年产量达到 615 吨；桑园 3.94 万亩，年产鲜茧 221.5 吨；花椒种植面积 27.72 万亩，年产量 788 吨；中药材种植面积 3.17 万亩，年产量 1939 吨；蔬菜种植面积 2.6 万亩，年总产量 11471 吨；农民养殖专业合作社 151 个，养殖大户 1208 户，淡水养殖 244 亩，产量 96 吨，其中，大鲵养殖户 446 户，存塘幼鲵达到 8 万余尾；食用菌年产量 361 吨，其中黑木耳产量 154 吨；油橄榄面积 1.72 万亩。具有创建美丽乡村的良好资源基础，在相应村庄适合于建设产业培育型美丽乡村。

（五）落后的生活习惯

昔日的康县农村，群众生活环境差。受地理条件影响，全县 80% 以上的群众居住在深山峡谷及林缘地区，房屋乱建、垃圾乱扔、柴草乱放、畜禽乱跑、粪便乱堆、污水乱倒、蚊蝇乱飞等乱堆乱放、乱修乱建、乱拉乱接、乱采乱挖、乱砍乱伐、乱贴乱画现象十分普遍。

村口道路

民房大都建在陡坡之上、丛林深处或河道边缘，且以土木结构为主，抗自然灾害能力极差，农村群众住房的基本特点是高、大、黑、空，即房修得高大，但屋内光线灰暗，布局混乱，陈设简陋，家具乱摆、衣袜乱扔，生产生活用品随处摆放，杂乱无章。一些边远偏僻村庄，走进农户堂屋（客厅）里，除了取暖的火坑、装粮的木柜、几把破旧的板凳之外再也看不到一样像样的家具。不洗脸、不叠被子、不开窗子、不抹桌子、不扫院子，有些地方一辈子洗不上一次澡，生活习惯十分落后。屋外大都无庭院，基本是土坡、沙坑，下雨天出门便是两脚泥，牲畜关在"气死狼"的木摞圈里，大小便在"两根木头一个坑"的露天厕所里，院子里家禽的粪便随处可见，河道、沟渠、路边垃圾遍地，生活环境脏、乱、差，垃圾乱扔、柴草乱放、牲畜乱跑、粪便乱堆、污水乱排、蚊蝇乱飞的现象十分普遍。

房屋外景

室内环境

（六）艰苦的生活条件

除了生活环境差，最主要的问题是基础设施落后。"交通基本靠走、通信基本靠吼、看门基本靠狗”，“天晴一身土、天雨两脚泥”，“面朝黄土背朝天、一辈子没出过大山”，这是康县农村曾经艰苦生活条件的真实写照。历史上康县没有公路，所谓“通途大道”也不过是数尺来宽的骡马道。崎岖、坎坷、石突、坑陷，不便行走。千百年来，当地群众终年徒步跋涉，艰难地举步在山崖、陡坡、沟壑、小溪边、丛林间，出行十分不便。深山林缘区的有些村庄老百姓甚至祖孙几代都没有下过山、出过沟、进过城。即使处在县城边上的凤凰谷村（昔日史家沟，距康县城5公里左右），在建设美丽乡村之前也同样没有一条像样的路，“晴天一身土、雨天两腿泥”，村民雨天出村进城办事都要备上一双鞋，进城时换上干净鞋，回村再换回来。没有自来水，群众吃水用水很不方便，主要靠手提肩挑，部分条件好的农户自己购买水管将山泉水引至家中，但并不长久，受天气等因素影响断水也是常事，许多居住在高半山的农户要到山下担水，一个来回便得好几个时辰。缺少照明电，部分通电的农村因电量不够或电压不稳，灯光较暗，且

村内环境

沟道两侧

时常停电，条件稍好的农户购买来家用电器，也因电压不稳等影响无法正常使用。用电尚且如此，网络信号更是无从谈起，除公路沿线部分村庄有手机信号，大多数村庄都没有网络信号覆盖，通信还得靠书信,外出打工的年轻人买下手机,回家就成了“聋子的耳朵——摆设”。大部分村庄没有厕所，群众大小便就在屋门口、墙拐角就地解决。

恶劣的自然条件，制约了农村社会的发展，生产生活条件的落后也使群众看不到生活的希望，加深了群众对基层党委和政府的不满情绪，干群关系越发紧张，农村基层党组织在群众中的威望和号召力不断减弱，许多工作无法正常开展。农民文化水平低，精神生活匮乏，思想落后愚昧，相信迷信，不信科学，许多村庄有近一半人口是文盲，加上法制观念淡漠，坑蒙拐骗偷、赌博斗殴等现象时有发生,常有农户为墙角、地沟等小事争吵、叫骂甚至大打出手。“邻里不和睦、婆媳起争执、致富没办法、闲来总生事”成为昔日康县农村的真实写照。

在这样的基础上建设美丽乡村，既要做好基础设施的配套、农村风貌的改善、农村环境的治理,还要注重农村社会治理体系的创建、文明新风的培育、长效管理机制的落实，等等。建设内容多，建设任务重，建设资金紧缺，工作机制不健全，康县的美丽乡村建设注定了要比其他一般地区付出更大的代价、更多的努力。康县不仅顶住压力、克服困难，由点到线、由线到面，建成一个又一个美丽乡村，而且使美丽乡村由一个个“盆景”，连成一道道“风景”，汇集成一座座“花园”，进而创造出了美丽乡村建设的康县模式。

第二章　康县模式的形成

美丽乡村建设的康县模式，始于2008年“5·12”汶川大地震后的灾后重建，先后历经乡村清洁行动、生态文明新农村建设行动、农村人居环境改善行动、乡村产业发展行动四部曲，在持续不断地实践探索、总结提炼、再实践的过程中逐渐走向成熟、形成体系。

一、序曲：灾后重建行动

（一）地震灾害损失重

“5·12”汶川大地震是新中国成立以来破坏性最强、波及范围最广、损失最严重的一次特大地震，举世震惊。此次地震所波及的地区多数是农村，所涉及的人群大多为农民，因此，灾区农村恢复重建工作面临的任务更为艰巨和繁重。

康县是汶川大地震的重灾区之一，广大农村地区成为受灾最为严重的地区，农村群众生命和财产损失惨重。作为国家扶贫开发工作重点县，康县的经济发展较为落后，农村多以土坯房为主，大多年久失修，汶川大地震中许多民房倒塌，豆坪乡豆坪村、寺台乡田坪村等村庄甚至被夷为平地。康县民政局的统计资料显示，全县21个乡镇不同程度受灾，倒塌房屋10800间。其中，倒塌居民住房10000间3400户，损坏房屋147532间，因灾遇难21人，因灾伤病184人，因灾死亡大牲畜64头。另外，农村的基础设施和农业生产设施也遭受了巨大破坏，道路、桥梁、供水、供电等设施损毁严重，农民的生产生活受到了较大影响，直接经济损失1.51亿元。国务院下发的《汶川地震灾后恢复重建总体规划》中将康县也纳入到恢复重建规划地区之中。在国家以及省市的大力支持下，康县全民动员、万众一心开展了轰轰烈烈的灾后重建工作。

（二）真抓实干惠民生

康县的农村多是农民自然聚居而形成，具有一定的历史性，村庄布局以及相关方面的配套设施与当时的经济发展及生产生活有密切的联系。但随着社会的进步、经济的发展、科技的创新，原有的农村村落布局与乡村建设也暴露出了一系列的问题和隐患，尤其在汶川大地震中，一些村庄由于选址不合理、房屋不牢固、交通不便利等问题造成了巨大的损失。因此，灾后重建对康县而言既是一个挑战，又是一个机遇。在灾后恢复重建工作中，康县坚持以科学发展的眼光，而不是仅仅停留在住房恢复的角度，各级组织牢固树立“抓重建就是抓发展”的思想，精心谋划，科学部署，按照“安全、经济、实用、省地”的原则，把灾后恢复重建与新农村建设、扶贫开发、生态移民、产业结构调整、旅游开发相结合，把灾后重建变成新农村建设的示范工程；坚持“因村施策、分户实施、量力而行、分步建设”的重建工作思路，科学规划，严格控制土地，落实基本农田保护政策，充分考虑村社发展和公益设施建设，合理布局，长远规划；坚持把环境保护作为一个重要方面考虑，防止在重建过程中对已经十分脆弱的生态环境造成新的破坏，逐步形成灾区重建、经济发展和生态保护的良性互动。

在重建选址上，一是强调了避开生态脆弱以及可能发生洪灾、山体滑坡、泥石流等自然灾害及次生灾害的区域；二是充分考虑了合理的劳动作业半径，统筹处理生产与生活的关系；三是防止对生态环境造成新的破坏。康县的耕地较少且分布分散，受传统农业经济的影响居民聚居地也十分分散，无法形成集聚效应，而且分散居住也不利于生态保护，因此在灾后重建规划中将居民居住点适当集中，组织群众下山入川整体异地重建。

在重建内容上，将住房恢复重建与农村改水、改厕、改路、沼气池修建等一系列配套设施的建设统筹协调推进，注重在改善村容村貌的同时移风易俗，改变农民生产生活中的一些陋习，提高农民的生活质量。

在保护环境上，一是科学处理了重建选址与生态环境保护的关系。二是科学处理了重建取材与生态环境保护的关系。严格控制破坏环境的炸石、伐木、挖砂等行为，充分利用旧房拆迁、修路施工等废弃材料，并由政府统一规划，通过调研指定采石、挖砂等地点，实现了灾区重建和生态文明建设的有机结合。三是科学处理了垃圾处理与生态环境保护的关系。对于灾后重建的建筑垃圾采取有效的措施和步骤及时进行处理，可再利用的建材用于农房及附属设施建设，不可利用的废物则以村为单位进行集中处理，避免了固体废弃物对土地以及河流产生污染。农村的生活垃圾一方面在条件允许的情况下鼓励发展沼气、卫生厕所、农村废水和垃圾处理设施；另一方面合理处置、就地消纳还田，或采用简易填埋、堆肥等方式处理，并做好二次污染的预防工作。

（三）灾后重建换新貌

到2010年，康县累计完成就地重建居民点243个，其中原址恢复重建238个，村组内相对集中重建5个；异地新建居民点2个，共计245个居民点完成灾后恢复重建。城关镇杨河坝村、平洛镇贯沟村、王坝乡鸡山坝村、岸门口镇青岗坝村、豆坪乡豆坪村、云台镇云台村、阳坝镇龙潭村、寺台乡田坪村、铜钱乡环路村、碾坝乡安家坝村等重建点重建村在建设过程中，采取了统一规划、统一设计、统一标准的模式进行，由乡镇牵头指导，实施了道路硬化、绿化美化、供水、排水、供电、沼气、五保家园、村级组织活动室等配套设施建设。使这些重建村初步建成了“特色鲜明、功能齐全、风景秀丽、村容整洁”的社会主义新农村。而这也为进一步全面开展美丽乡村建设奠定了坚实的基础。

二、第一部曲：乡村清洁行动

多年以来，农村环境“脏、乱、差”一直是困扰农村发展和农民生活水平提高的一大难题。在2009年基本完成重建任务之后，为了巩固提升灾后重建成果，康县学习借鉴浙江安吉的经验，立足生态资源优势，着眼促进康县农村长远发展，提出了在全县开展以“建生态村、做文明人、走富裕路”为主要内容的乡村环境清洁活动，制定出台了《康县城乡环境卫生清洁活动及文明长廊建设实施方案》，按照“因地制宜、科学规划，坚持标准、体现特色，整合项目、群众参与”的工作思路，全面启动了乡村环境卫生治理工作，以乡村清洁行动为载体全面推进新农村建设。

（一）建设目标

坚持以建设社会主义新村庄、树立文明健康新风尚、培育思想进步新农民、创造健康向上新生活、探索城乡一体化新路子、提高农业农村工作新水平的“六新”为目的，以精品村、示范村、达标村创建为重点，经过三至五年的努力，在全县打造一半以上生态特色鲜明、村容村貌整洁、增收渠道顺畅、乡村文化繁荣的生态文明村。

（二）建设原则

坚持规划先行的原则，做到没有规划不设计，没有设计不审批，没有审批不建设；坚持群众投入为主、政府补助为辅的原则，充分发挥群众的主体作用；坚持项目整合的原则，凡是用于农村建设的各类项目资金原则上整合到重点村建设；坚持因地制宜、突出特色的原则，力求做到一村一景、一村一品、一村一业；坚持分步实施、量力而行的原则，先易后难，梯度推进；坚持动态管理的原则，奖罚分明，增强创建工作的内动力。

（三）建设内容

重点实施“四化、四改、四结合、六有、五进一出、七配套”工程。“四化”，即道路硬化、村庄绿化、环境美化、房屋亮化；“四改”，即改厕、改圈、改灶、改庭院；“四结合”，即把乡村清洁活动与农业综合示范点建设、生态旅游开发、灾后重建后续项目建设、文明长廊建设相结合；“六有”，即村有场（垃圾场）、社有池（垃圾池）、户有箱（垃圾箱）、人有厕、畜有圈、机有棚（农机棚和柴草棚）；“五进一出”，即道路硬化进村庄、绿化进乡村、美化进院落、畜禽进圈舍、农机进车棚，垃圾出村庄；“七配套”，即把乡村清洁活动与村级组织活动场所、农民教育培训阵地、农家书屋、民政福利惠农政策落实、文化体育活动场地、便民小超市、医疗卫生服务机构相配套，努力提升创建工作水平。

（四）建设方式

按照“长远规划、分步实施、点面结合、综合整治、保护优先、长效管理”的思路，根据自然村的基础条件，按照精品村、示范村、达标村三个层次确定不同的建设标准，坚持“分三步走”战略，第一步抓基础设施建设，第二步启动产业配套工程，第三步建立健全长效管理机制，严格按照规划设计和标准，扎实有序推进。

（五）建设措施

一是坚持高起点规划。始终秉承规划先行、统筹建设、因地制宜、提升内涵、彰显特色的发展理念，制定出台了乡村清洁活动总体规划和实施方案，根据各村居住环境、村容村貌等不同类别和特点，聘请有资质的专业设计单位，把一个村作为一个景点来设计，把一户作为一个小品来改造，按照彰显一村一品、一村一景的标准，编制了村庄建设规划，确定了不同的建筑风貌、创建方式和建设标准，坚持做到了没有规划不设计，没有设计不审批，没有审批不建设。

二是坚持多渠道筹资。积极从上级财政专项、环保、以奖代补、借贷、本级财政、社会捐助和单位帮建、灾后重建、村民自筹八个渠道筹集资金，制定出台了《康县乡村清洁活动重点村项目建设资金筹集管理办法》。加强项目资金整合，按照“集中管理、分类申报、渠道不乱、用途不变、各记其功”的原则，凡是用于农村建设的农业、林业、扶贫、环保、交通、水利等各类项目资金原则上全部整合到生态文明村建设上来。

三是坚持高标准创建。对确定的精品村、示范村、达标村，根据不同条件，从环境提升、产业配套、彰显特色等方面提出了明确的质量标准和建设指标，每个创建村都严格按照制定的标准实施。

四是坚持强力推进。按照一个创建村成立一套班子、确定一名领导、组建一支队伍、制定一个方案的“五个一”责任制办法，县上成立了领导小组，组建了乡村清洁活动办公室，实行了县级领导包乡抓点和县直部门帮扶工作责任制，形成了一级抓一级、层层抓落实的工作格局。

五是坚持高效能管理。制定了乡村清洁活动考核办法，精品村、示范村、达标村验收及奖惩办法，乡村清洁活动挂牌管理办法，逐步完善建设管理机制和考核办法体系。

六是坚持宣传造势。采取召开群众大会、悬挂和书写标语、利用新闻媒体宣传等多种方式，开展广泛深入的宣传，引导群众牢固树立“自己的事自己干、用自己的双手建设美好新家园”的思想；通过大力开展“十星级文明户”、文明村镇、平安村镇等精神文明创建活动，不断加强感恩教育，在广大干部群众中形成了感恩党、感恩祖国、感恩社会主义、感恩方方面面援助的浓厚氛围，充分发动群众积极主动参与乡村清洁活动。

乡村清洁行动开展近两年时间，康县农村面貌为之大变，千百年来积累下来的农村陋习开始破除，科学文明、和谐健康的农村文明新风开始形成，涌现出了阳坝镇宋沟村、龙潭村，岸门口镇青岗坝村，王坝乡鸡山坝村，碾坝乡玄麻湾村等一批乡村清洁行动的先进典型，全县建成清洁文明的美丽乡村 81 个，其中：精品村 29 个、示范村 14 个、达标村 12 个。

三、第二部曲：生态文明新农村建设行动

在总结乡村环境清洁行动建设经验的基础上，2011 年底，康县按照打造全县生态旅游大景区和“统筹城乡一体发展、建设生态美丽康县”的目标，启动了以基础设施配套化、村容村貌园林化、家庭院落花园化、村风民风和谐化、管理机制长效化、经济发展产业化为重点的生态文明新农村建设行动。主要做法包括以下几方面：

（一）抓科学规划，着力提高建设质量和水平

康县始终把科学规划摆在新农村建设的首要位置，邀请成都凤凰园林设计院等专业规划设计单位，编制了全县新农村和文明长廊建设总体规划和节点建设性详细规划，以县城为纽带，以西起望关、北至云台、南至阳坝为主轴，以江武路、康阳路、白望路、小康路、寺长路、康云路、河两路沿线建设为主线，按照“一村一品、一村一景、一村一业、一村一韵”的发展理念，把一个村作为一个旅游景点来设计，把一户作为一个小品来改造，根据各村居住环境、村容村貌等不同类别和特点，确定不同的建筑风貌、创建方式和建设标准，根据不同的地理位置确定新农村建设的产业定位，重点打造生态旅游专业村，做到村村都有规划设计，没有规划不设计、没有设计不审批、没有审批不建设。

（二）抓基础设施，努力改善村容村貌

坚持从各村实际出发，不搞大拆大建，既高点起步又量力而行，既只争朝夕又不急功近利，每个创建村都严格按照制定的标准，着力抓了道路硬化、村庄绿化、环境美化、房屋改造，以及改厕、改圈、改灶、改庭院，加快实施通路、通水、通电、通有线电视、通宽带网络“五通”工程，大力推行“六有”工程，坚决整治了农村乱堆乱放、乱修乱建、乱停乱摆、乱涂乱画、乱扔乱倒现象，扎实开展“治脏变绿、见缝插绿、破墙透绿、拆旧补绿”等绿化、美化工作，配套建设村级综合服务中心、村民休闲广场、便民小超市、卫生医疗室。

（三）抓点示范，突出整体推进的关键环节

在巩固提升已建成的新农村的基础上，每年进行 50 个村左右的

创建任务，每个乡镇至少有一两个精品村，打造了望关乡徐罗村、寨子村，岸门口镇贾家坝村，碾坝乡田坝村，王坝乡大水沟村，长坝镇花桥村，平洛镇刘河村、孙家坝村，白杨乡王坪村，大南峪乡花庙村、后沟村，大堡镇巩集村，城关镇凤凰谷，铜钱乡郝坪村等一批先进典型，特别是通过在全县范围开展学习推广徐罗村经验活动，对全县新农村建设起到了很好的示范推动作用。

（四）抓保障机制，形成凝聚各方力量的合力

一是资金筹措机制。采取通过规划整合项目、通过项目整合资金的办法，积极从上级列项、财政奖补、扶贫整村推进、县级财政配套、社会捐助、单位帮建、村民自筹、能人大户捐建八个渠道筹集资金，按照“集中管理、分类申报、渠道不乱、用途不变、各记其功”的原则，进一步加强项目整合，凡是用于农村建设的农业、林业、扶贫、环保、交通、水利等各类项目资金原则上全部整合到生态文明村建设上来，着力解决建设资金短缺的问题，在千方百计加大政府投入的基础上，鼓励企业、能人大户捐资捐物，鼓励群众投钱、捐地、捐物，凝聚起建设美好家园的强大合力。

二是奖补激励机制。制定出台新农村建设考核验收办法，对经考核验收达到创建标准的精品村和示范村，对在新农村建设中做出突出成绩先进个人给予奖励。

三是长效管理机制。坚持建管并重，采取边建设、边管理的办法，乡村两级都制定了《乡规民约》《村规民约》等制度，群众自主管理，不断巩固建设成果。

四是干事创业机制。建立了主要领导亲自抓，分管领导具体抓，以乡镇党委、政府为主的工作推进机制，扎实开展村级组织建设对

标定位、晋档升级活动，做到任务到人、到单位、到村社，一级抓一级，层层抓落实。

五是督促检查机制。成立专门督查组督查、组织人大代表视察、半年经济分析会观摩等多种形式，对各乡镇和各单位进行“一月一督查、一月一排序、一月一通报”，鼓励先进，鞭策后进，有力推动了新农村和文明长廊建设的顺利开展。

（五）抓强化引导，培育农村发展的新风新貌

在积极响应陇南全市新农村建设中“创建新农村、培育新农民、树立新风尚、塑造新形象”的“四新”竞赛创建活动的基础上，进一步组织开展了以争做和评比“勤劳致富好家庭、孝敬父母好儿媳、新农村建设带头人、环境卫生模范户、遵纪守法光荣户、邻里和睦文明户”为主要内容的“六争六评”活动，不断深化文明乡镇、文明单位、文明村、文明户的创建。

（六）抓产业培育，夯实农村持续发展的基础

坚持把产业配套建设贯穿于新农村建设的始终，按照“整县核桃、南茶北桑，优势产业、重点突破”的开发思路，大力发展核桃、蚕桑、茶叶、花椒、中药材、畜牧养殖、大鲵特种养殖、食用菌等农民增收致富产业，每个村确定一个主导产业，各类特色农业示范点、产业扶贫项目、产业扶持发展项目向重点村主导产业倾斜，把分散的农民组织起来，组建专业合作组织，发展培育一村一品主导产业，实现“村有主导产业、户有增收计划、人人有增收项目”的致富格局，有效增加群众收入。

生态文明新农村建设活动开展两年多时间，在巩固乡村清洁行

动成果的基础上，进一步扩大范围，顺公路沿线串点连线并向高半山区推进，涌现出了望关乡徐罗村、长坝镇花桥村、王坝乡大水沟村等一大批新的典型，形成了一整套美丽乡村建设的成熟经验。截至2013年底，累计建成生态文明美丽乡村160个，其中：精品村77个、示范村46个、达标村59个。

四、第三部曲：农村人居环境改善行动

2014年，中央和省市提出了改善农村人居环境的决策部署。康县在落实过程中，从当地的县情实际出发，进一步明确“统筹城乡一体发展、建设生态美丽康县”的发展思路，把改善农村人居环境、建设美丽乡村作为统筹城乡一体发展的重要载体和综合惠民工程，与双联行动①、“1236”扶贫攻坚行动②高度融合，坚持规划引领、项目整合、领导包抓、强力推进，在康县大地上绘就了一幅“天蓝地绿水清、村美院净家洁”的秀美画卷。主要做法有以下几方面：

（一）立足资源优势，创新完善工作思路

按照中央和省市改善农村人居环境行动的决策部署和总体要求，不断在继承中创新完善思路，确立了“统筹城乡一体发展、建设生

① 指“联村联户、为民富民”行动。2012年2月20日，甘肃省委召开动员大会，在全省范围内启动实施“双联”行动，省、市、县、乡四级1.5万多个机关单位、40多万名党员干部与全省1.6万多个贫困行政村的67万特困户结成帮扶对子，不脱贫不脱钩。

② 2013年9月17日，甘肃省委、省政府出台《关于深入实施“1236”扶贫攻坚行动的意见》，瞄准最贫困的乡村、最困难的群体、最迫切需要解决的问题，政策向扶贫倾斜、资金向扶贫聚集、项目向扶贫靠拢，围绕“一个核心”“两个不愁”“三个保障”“六大突破”，大力实施“1236”扶贫攻坚行动计划，打响了甘肃新一轮扶贫开发的攻坚战和整体战。“一个核心”，就是持续增加贫困群众收入，确保贫困地区农民人均纯收入增幅高于全省平均水平；“两个不愁”，就是稳定实现扶贫对象不愁吃、不愁穿；“三个保障”，就是保障扶贫对象义务教育、基本医疗和住房；“六大突破”就是基础设施建设、富民产业培育、易地扶贫搬迁、金融资金支撑、公共服务保障、能力素质提升突破。

态美丽康县”的目标任务，集中打好美丽乡村建设、扶贫整村推进、生态旅游大景区建设、基础设施建设、农村危旧房改造、特色富民产业培育、电子商务发展等组合拳，把农村工作重点转移到以美丽乡村建设为主的发展上来，立足本地实际建设美丽乡村，最终实现农村秀美、农民富强。每年集中建设45个左右的美丽乡村，形成高半山区原址环境改善型、生态移民整体搬迁社区管理型、城郊景区沿线生态休闲旅游型、古村修复和历史风俗文化传承型、特色林果和茶药水产种养殖基地产业培育型五种类型，精品村、示范村、达标村三种层次标准依次滚动推进的美丽乡村建设思路，探索出一条贫困落后地区建设美丽乡村的新路子。

（二）坚持规划引领，分层分类组织实施

做到没有规划不设计、没有设计不审批、没有审批不建设。把美丽乡村建设规划纳入全县经济社会发展总体规划，聘请一流设计单位，把全县作为生态旅游大景区来规划，把一个村作为一个旅游景点来设计，把一户作为一个小品来改造，根据城镇郊区、公路沿线、旅游景区、高半山区等不同的区位和地域特色，确定不同的建筑风貌、建设内容、建设标准和创建方式，一村一景、一户一品，打破了长期以来城乡分割的规划建设格局，把农村当城市一样规划建设。围绕房、路、水、产业等建设内容，把道路、庭院、房屋、水景、节点、网络等基础设施和排污、垃圾处理、医疗室、理发室、村级幼儿园、农村文化广场、村级阅览室、便民超市、电子商务信息平台、村史馆等公共服务设施全部纳入规划，因地制宜、分类指导，顺其自然、天人合一，既突出地方特色，又避免千村一面。

（三）高效整合项目，放大资金使用效果

康县是国家扶贫重点县，面对建设缺项目、缺资金的难题，坚持在资源整合上做文章，建立了项目整合机制和部门协作机制，把各类涉农项目资金整合到美丽乡村建设上来。每年都以县委一号文件印发美丽乡村建设安排意见，细化分解工作任务，靠实四大班子领导和各部门的责任，按照“分类申报、集中管理、渠道不乱、用途不变、各记其功”的原则，多渠道争取项目，高效组合项目，规范管理项目，有效避免了项目资金“撒胡椒面”的老大难问题，从根本上解决了部门之间各自为阵、推诿扯皮的问题，凝聚了建设力量。

（四）健全完善机制，展现政策叠加效应

1. 一是双联作用机制

充分发挥双联作用，省、市、县、乡 142 个单位联系全县 238 个贫困村和 112 个非贫困村，2795 名干部联系 16007 户贫困户，把双联村全部纳入美丽乡村精品村、示范村、达标村建设范围，积极兴办民生实事，先后争取资金 9000 多万元，实施了道路硬化、河堤修筑、便民桥修建、产业发展、文化传承等一批建设项目，各级双联单位和双联干部在美丽乡村建设中比作为、比贡献，增强了双联实效。

2. 责任落实机制

充分发挥县委统揽全局、协调各方的核心领导作用，确定了“党委集体决策、政府大力落实、财政奖补激励、县级领导包抓、县直部门帮建、村社农户主体”的工作思路，四大班子每人每年各抓一个示范点，主要领导苦抓、四大班子齐动、双联部门实帮、乡镇村

社大干，形成了党群一体、干群一体、城乡一体、真抓实干的工作格局。

3. 奖补激励机制

制定出台了美丽乡村建设奖励补助办法，硬化院落、入户道路每平方米补助1袋水泥，建成的美丽乡村和实施风貌改造的农户给予资金奖励支持，极大地激发了广大群众建设美丽乡村的热情，广大群众不仅投工投劳投资实施了农村危旧房改造和房屋风貌改造，而且主动拆旧房子美化环境，让菜园子建广场，真正发挥了主体作用，形成了乡与乡、村与村、户与户之间争着干、抢着干、比着干、相互竞赛、竞相赶超的喜人局面。

4. 考评督查机制

把美丽乡村建设成效作为考核各级领导班子和领导干部双联实绩的重要依据，对美丽乡村建设实绩的干部提拔重用，每年都表彰100名美丽乡村建设优秀干部，极大地激发了干部的工作激情和活力。

（五）突出群众主体，顺其自然建设

采取“统一规划、分户实施”的办法，基础设施和公益设施建设，由帮建单位投资、群众投工投劳加快建设；房屋风貌改造、入户巷道和庭院硬化、绿化美化亮化等工程，由财政补助、分户实施。不砍树、不埋泉、不毁草、不挪石，不搞大拆大建，彰显民居风貌，因地制宜、依村就势，每年按照达标村、示范村、精品村三个等次滚动推进，达标村以改善基础设施为主，示范村以完善公共服务功能为主，精品村以洁化、绿化、亮化、美化和产业发展为主，年终验收授牌颁奖。坚持从各村实际出发，既高点起步又量力而行，在危房改造、道路硬化、地基处理、沟道砌筑等方面，充分利用废旧的瓦片，河道的石头、石片、石子，枯干的树皮、枝条、竹片等材料，就地取材，既节俭，又实用，既降低了建设成本，又打造了特色亮点。坚持以华夏文明传承创新区建设为契机，以丝绸之路和茶马古道为主线，深入挖掘生态文化、民俗文化、历史文化、红色文化、产业文化，分片分区域按类别集中打造，既保持当地田园风光、乡土风情、民俗风韵和传统风貌，又保护古城、古村、古街、古楼、古坊和古树名木等景观，并对美丽乡村重点村逐户落实家庭文化工程，送书画作品进村入户，推进农村文化建设，赋予美丽乡村丰富内涵。

（六）注重产业转型，增加群众收入

把特色富民产业作为美丽乡村建设的重要内容，组织引导群众积极发展特色富民产业、乡村旅游经济，通过政务微博、电子商务推销生态绿色产品。

1. 着眼农民增收，发展主导产业

依托富集的农特资源，大力发展核桃、蚕桑、茶叶、花椒、樱桃、板栗、中药材、畜牧养殖、大鲵特种养殖、食用菌等增收致富产业，建成核桃产业村 278 个、蚕桑产业村 156 个、茶叶产业村 76 个、花椒产业村 60 个。积极扶持发展兴源土特产公司、恒丰核桃公司、杜仲循环产业研发基地等特色产业龙头企业，以及龙神、龙祥、梅园、森沁、和佳等茶叶加工小微企业扩大生产规模，提升产业开发的经济效益，增加了农民收入。

2. 着眼开拓市场，发展电子商务和政务微博

充分依托电子商务和政务微博等现代传媒手段，组建了电子商

务协会和客户服务中心，通过开办网店、组建QQ群等方式，广泛宣传推介康县美丽乡村旅游和农村土特产品，让外界更多地了解康县、关注康县，积极助推美丽乡村建设。

（七）创新活动载体，大力弘扬文明新风

以群众路线教育实践活动为载体，进一步密切党群干群关系，广大群众深切感受到，县乡干部离群众越来越近，工作作风越来越实，实现了由“过去老躲着干部”到“现在常盼着干部”的转变，彻底改变了“干部干、农民看”的尴尬状态；以“四新”竞赛活动为载体，培养关爱、互助、诚信的传统美德，科学、卫生、健康的生活观念，守法、有序、安全的行为准则，农村文明和谐、遵纪守法、邻里和睦、互帮互助、健康向上的良好风尚正在形成；以“六争六评”活动为载体，倡导科学文明的生活方式，把社会公德、职业道德、家庭美德教育贯穿于创建活动的始终，达到了评选一个人、教育一大片的目的；以制度建设为载体，坚持建管并重，采取边建设、边管理的办法，乡乡制定了《乡规民约》《村规民约》等制度，全面落实“3+5”①工作法，帮助群众自我约束、自我教育、自我管理，不断巩固建设成果，形成了农村管理的长效机制。

农村人居环境改善行动的开展，继承和放大了乡村清洁行动、生态文明新农村建设活动所积累的成功经验，进一步在全县各级组织和干部群众中形成了强大的凝聚力、向心力，迸发出加快美丽乡村建设、促进“三农”发展的聚集效应。到2014年底，累计有211个行政村整村建成了美丽乡村，占到全县350个行政村的60%以上，

① “3”指的是“民情直访、民意直通、民事直办”，“5”指的是“事前公示、定事合议、事定承诺、事中监督、事后评议”。

其中，精品村90个、示范村67个、达标村54个。美丽乡村建设的持续推进，彻底改变了农村的环境面貌和农民的精神风貌，有力地促进了农村的产业发展和农民的增收致富，极大地提升了农民的生活品质和文明素养，农村老百姓对美丽乡村建设的整体满意度达到98%以上，农民的幸福指数也维持在96%以上。

五、第四部曲：乡村产业开发行动

作为国扶重点贫困县，康县的美丽乡村建设始终与推进精准扶贫开发捆绑在一起。同时，美丽乡村建设的攻坚战也必须要有乡村产业的发展繁荣提供强有力的后续经济支撑。正是基于这样的认识，在经历了乡村清洁行动、生态文明新农村建设活动、农村人居环境改善行动，美丽乡村建设取得重大进展的情况下，从2015年开始，康县进一步牢固树立“生态产业化、产业生态化”的理念，充分运用美丽乡村建设成果，打山水牌、走生态路，努力在做强乡村产业开发、做优乡村生态环境、经营美丽乡村上下功夫。主要措施包括以下几个方面：

（一）以乡村旅游为龙头，带动特色产业提质增效

围绕发展乡村旅游产业，康县进一步按照产业围绕旅游调结构、交通围绕旅游保畅通、城建围绕旅游提品位、林业水利围绕旅游造景观、文化围绕旅游树精品、宣传围绕旅游造声势的思路，把美丽乡村建设与乡村旅游经营结合起来。

1. 着力打造生态旅游大景区

先后围绕阳坝4A级景区等重点生态景区建设，积极实施了阳

坝水景和湿地公园项目，在境内150公里国、省、县道公路沿线规划建设了绿色景观风情线，形成了“一轴、两线、三片、八区”①的旅游产业发展空间布局。

2. 大力加强旅游基础设施建设

建成了连接县与县、乡与乡的旅游公路72条488公里，改造架设农电线路56.3公里，建成覆盖21个乡镇和部分重点村社的通信基站45座，强化了旅游产业发展的基础支撑。

3. 着力塑造旅游精品

引导有条件的乡村从村容村貌、生态环境、历史文化、民风民俗、建筑风格、农业生产、旅游商品等方面，挖掘资源个性和特色，凸显宜游功能。利用名胜古迹培育了团庄古村、茶马古道、菩提花园、天马佑民、魁星楼、桂花山庄等一批生态旅游新景点。立足传统乡村岁月和地方特色的人文元素，让“美丽乡愁”成为乡村旅游独有的品牌印记，将文化特色作为资源有序整合的主线，抓好古村落、古民居、古树名木的保护开发，丰富乡村旅游文化内涵，打造一批乡村旅游精品。

4. 积极实施选点示范带动

实施了“十村百户千床”乡村旅游示范工程②，先后在12个乡

① “一轴”是指以北至云台、南至阳坝太平生态走廊中轴线；“两线”是指大南峪至望关北茶马古道及红色旅游风情线、望关至王坝雄关古道和田园风光风情线；“三片”是指以阳坝景区为主的康南生态养生旅游观光片区、以县城为中心的康中休闲度假旅游片区、以茶马古道为主的康北砾石文化旅游片区；“八区”是指梅园沟自然风光旅游区域、太平温带森林中热带茶园生态交错科普旅游区域、龙神沟托河白玉洞休闲度假旅游区域、清河原始森林探险度假旅游区域、中部以县城为中心的休闲度假区域、王坝田园风光旅游区域、东北部茶马古道及红色遗迹旅游区域、西北部茶马古道及自然风光旅游区域。

② 2015年启动，在已经建成美丽乡村重点村中，选择10个左右自然环境较好的行政村、100户左右有条件的农户重建农家客栈，发展1000张左右设施配套齐全的旅游标准床位，用来支持乡村旅游产业的发展。

镇36个村123户创建农家客栈，带动1000多户农户直接或间接从事乡村旅游，当年户均实现增收10000元以上。

5. 不断创新旅游经营模式

坚持以市场为导向、农民为主体，按照发展、规范、提升的工作步骤，有序引导，形成乡村旅游点、线、面发展新格局和多类型乡村旅游产品体系，引导乡村旅游可持续发展。目前全县已初步建成一条主轴、三大片区的生态旅游大景区，建成乡村旅游专业村36个，形成以江武路为重点的望关乡沈湾村、堺上村，平洛镇团庄村、街道村，豆坪乡李坪村乡村旅游产业带，以康阳路为重点的岸门口镇严家坝村、贾安村、青岗坝村，白杨乡桂花庄，铜钱乡低垭，阳坝镇街道、油房坝生态乡村集群，以白望路为重点的长坝镇花桥村、城关镇凤凰谷、王坝乡大水沟村农家乐聚集区，发展农家乐110多户，带动420多户群众户实现增收。城关镇凤凰谷村、王坝镇大水沟村、长坝镇花桥村相继成立了乡村旅游公司。比如，凤凰谷乡村旅游休闲度假有限公司采取“公司+农户”的运行模式，以经营农家乐、农家客栈、乡土旅游产品开发、乡土农产品购物、农业产业观光、农耕乡情文化体验、休闲度假为主，公司以走进美丽乡村、亲近自然、吃农家饭、住农家屋、体验农家生活、乡村养生度假为主的乡村旅游模式，打造了乡村休闲养生旅游服务品牌。

6. 深入挖掘开发旅游产品

以发展乡村旅游为重要抓手，以农促旅，以旅兴农，推动农业生产和农村生态的转型升级，在农业生产中加入旅游要素，实现了第一产业与第三产业的高效融合，农特旅游商品开发稳步推进。先后开发出一系列具有康县特色的旅游商品，包括：茶叶、木耳、天麻等绿色农特产品系列；奇石、字画、根雕、十字绣、竹制工艺品、红豆纪念品等文化产品系列；琥珀核桃仁、黄酒、二脑壳等特色饮食产品系列；羊肚菌、猴头、香菇等野生菌类保健产品系列。农家乐和农家客栈把消费者请到家门口，既减少了中间环节消耗，又提高了农副产品附加值，农民经济收入显著提高，由“外出务工”到“家门口自主创业”的观念转变已成为促进全县农村经济蓬勃发展的内在动力和宝贵资源。

7. 有效加强美丽乡村旅游的宣传推介

充分利用“中国最佳生态宜居旅游目的地”“中国最美绿色生态旅游名县”等金字招牌，不断扩大在国家、省、市、县各级新闻媒体以及微博、微信等各类新媒体采取刊登宣传稿件、播放专题宣传片、发送微博和微信等方式进行宣传推介的力度。积极探索以“线上 + 线下 + 融合”模式，创建运行康县乡村旅游网，开通运行康县乡村旅游微信、微博公众平台，加大宣传力度，不仅线下做足旅游内涵，而且在线上宣传营销造势，对创建成功的凤凰谷 7 家农家客栈实现网上订餐订住。

乡村旅游产业的发展让更多的群众过上了“离土不离乡、就业不离家”的生活，进一步加快了脱贫致富的步伐。2014 年全县接待游客 110.9 万人次，实现旅游综合收入 4.8 亿元，2015 年前 8 个月已接待游客 97.08 万人次，实现旅游综合收入 4.85 亿元，同比增长 19.5%。据测算，2015 年全县 17 万农民仅特色产业和乡村旅游这两项收入，人均可增收 1500 多元，再加上劳务收入，人均增收近 2000 元，全县农民人均纯收入可达到 6500 多元，可使 1.5 万人脱贫，全县贫困面从 28.3% 下降到 19.2%。

（二）以乡村舞台为引领，带动文化产业蓬勃发展

为了促进农村文化产业发展，康县立足自身生态优势，将乡村舞台与美丽乡村建设同步推进，始终把满足群众精神文化需求作为出发点和落脚点，走出了一条独具康县特色的发展路径。

1. 坚持“五个结合”

“五个结合”，即乡村舞台建设与美丽乡村建设相结合，把乡村舞台建设纳入全县美丽乡村建设整体规划，按照“七室一馆一场一墙”建设标准，做到“一张蓝图绘到底”，实现美丽乡村与公共文化基础设施建设的有机融合和同步发展；乡村舞台建设与文化旅游产业发展相结合，着重培育打造以梅园沟景区、百公里生态风情线等为主体的生态旅游，以古道路碑、龙凤古桥等为主体的北茶马古道文化旅游，以霸王鞭、锣鼓草等为主体的民间民俗体验旅游等特色乡村旅游品牌，进一步丰富了乡村舞台建设内涵；乡村舞台建设与生态环境整治相结合，把乡村舞台建设与群众住房建设、生态环境修复和环境卫生整治有机结合，实施“四改、六有、五进一出、八配套”工程，实现了房屋风貌改造、文化体育、村级组织阵地建设等配套设施的快速跟进；乡村舞台建设与科技、互联网相结合，在乡村舞台建设中融入“互联网 +”思维，充分利用网站、微博、微信和手机客户端等新媒体，开设“乡村舞台”专题专栏，宣传推广电子商务、文艺活动、乡村旅游和民俗文化，促进了各民间文化软实力的提升；乡村舞台建设与改变群众生活习惯、提高文明素养相结合，组织开展“送演出、送电影、送健身、送图书、送展览、送科普、送医疗、送法律”等系列群众文化活动，创造性地开展了“一

日五问”[①]等群众性文明创建活动，促进了乡风文明，凝聚起了推动发展的正能量。

2. 统筹“四个整合”

“四个整合”，即整合项目资金，实行涉农项目、民生项目和双联单位帮建资金的统筹安排和使用，按照“一主一辅一补充”的办法，鼓励、引导社会资本以多种形式参与自办文化社团建设，多渠道筹集资金，为乡村舞台建设提供资金保障；整合各类资源，实行农村党员远程教育、精神文明建设、电影放映、农家书屋、文化集市、农民体育健身、科普培训、村史馆等公共文化服务资源的统筹规划利用，建好公共文化服务中心，避免重复建设，拓展了乡村舞台的服务功能；整合乡土人才，充分调动农村各行各业的能人参与农村经济文化建设的热情，依托乡村舞台，组建歌舞、书画、非遗、产业、体育、红白理事等6个协会，实现了乡土人才的人尽其才，梅园神舞、豆坪唢呐、唱书等民间非遗文化在传承中再焕光彩，增强了乡村舞台的动力和活力；整合基础设施，按照“公益性、基本性、均等性、便利性”的要求，统筹规划实施乡镇综合文化站、村级党员活动室、农家书屋、农村文化活动室、文化大院、文化小广场、健身工程等文化体育惠民工程，为推动“乡村舞台”建设打下了良好基础。

截至目前，康县共建成乡镇综合文化站21个、乡村舞台205个、村史馆31个、乡村文化大院166个、乡村农民健身工程145个、村

① 康县美丽乡村建设过程中，为促进乡村文明新风的树立，创造性地提出了“一日五问”，取得了良好成效。一问：个人卫生，今天你讲究了吗？二问：家庭内外，今天你整理了吗？三问：房前屋后，今天你清扫了吗？四问：公共清洁，今天你爱护了吗？五问：环境改善，今天你微笑了吗？

级文化小广场 668 个、民俗文化演艺亭台楼阁 628 个、乡村戏楼 17 个、旅游文化景点 15 个、文化墙 19000 平方米，组建民间自办文艺社团 205 个，村级组织活动室、文化活动室、农家书屋、文化信息资源共享工程在全县 350 个村实现了全覆盖，为文化产业的大发展奠定了良好基础。

（三）以创建“健康示范村”为平台，树立健康生活新风尚

紧紧围绕全县美丽乡村建设，康县坚持以“培育健康理念，构建健康环境，普及急救知识，倡导健康婚育，指导健康锻炼，保障食品安全”等六项工作为重点，积极推广中医适宜技术等农民健康示范村建设特色亮点创建工程，带动生态养生游迅速发展的同时，在广大农村进一步树立了健康生活新风尚。

1. 夯实基础条件

美丽乡村建设不仅改善了群众安居乐业的生产生活条件，打造了一批生态景点，而且带动了农民良好生活习惯的养成，为开展乡村中医养生保健旅游打下了坚实基础，县乡医疗机构不断加强中医药设施和文化建设，阳坝中心卫生院建立宾馆式中医药养生保健馆，县中医院建立中医药医史馆，直观展现中医药发展与传承，其他乡镇卫生院设立中医科，利用楼道走廊陈列古代名医塑像，悬挂中医药名言古训、中医药知识文化牌匾，营造浓厚的中医药文化氛围。

2. 丰富创建内涵

研究出台了《康县创建农民健康示范村实施方案》，大力创建农民健康示范村，积极推广中医药适宜技术，结合当地疾病谱排序，优选 25 种中医药适宜技术，采取县、乡、村三级分级培训方式，推

广艾灸、刮痧、推拿、拔罐等中医传统养生保健技术25项，食疗技术6项。充分发挥特色资源优势，把独一味工业园、长坝蚕桑园、阳坝有机茶园、阳坝中药材种植园等中医药产业融入中医药生态旅游圈，丰富养生游内涵。

3. 开发养生品牌

征集养生保健药膳谱，结合群众饮食习惯，组织中医养生专家研制开发中药药膳，并在全县旅游景区、各宾馆饭店、各美丽乡村和“农家乐”积极推广。

4. 营造生态养生氛围

为了营造中医文化养生氛围，推进农民健康示范村创建工作，康县进一步强化宣传引导，在各示范村广泛设置健康养生常识宣传牌，在报刊、电视上开辟专栏节目，宣传境内中医药资源分布和发展现状，宣传改善人居环境、发展中医药旅游在促进社会经济发展中的优势和作用；通过政务微博宣传中医药文化知识、养生保健知识、适宜技术、单验方、中药材、食用菌、山野菜、特色美食等养生旅游相关内容；在公路、村口、农村集会场所制作宣传牌，进行中医药养生和健康常识宣传；采用编健康顺口溜，利用群众喜闻乐见的形式进行宣传。通过多种形式的宣传和教育引导，提高群众中医药文化知识素养和对发展中医生态旅游的思想认识，激发群众参与热情，营造健康持续发展的中医药生态旅游社会环境。

5. 提升农民健康素养

为了适应农村群众不断增长的健康生活需求，扩展新农村建设内容，对农民健康示范村、健康家庭和卫生户提出具体评选标准，引导农民提高健康文化素养。经过创建，加快农民健康示范村建设基本实现了自然环境优美，村容村貌整洁，健康设施完善，健康素养提高的总目标；健康家庭基本做到了厨房和卧室分开、厕所和圈舍分开、餐厅和客厅分开、生食和熟食分开“四分开”健康标准；文明卫生户基本达到了掌握中医实用技术、掌握卫生保健常识、掌握健康锻炼方式、掌握营养膳食搭配、掌握医疗急救知识、掌握健康工具箱应用“六掌握”要求。目前，全县已创建农民健康示范村21个。

（四）以电子商务为抓手，拓宽美丽乡村产业发展空间

结合自然资源丰富、特色产品种类多品质好的优势，康县大力整合资源，积极培育电商主体，努力强化电商基础，拓展网络营销渠道，全力开辟了“互联网＋特色农产品”电商运营发展模式，进一步拓宽了美丽乡村的产业发展空间。

1. 注重资源整合

对全县广大农村适宜网络销售的土蜂蜜、木耳、花椒、茶叶等典型的特色农产品资源进行整合，加强市场对接，依托全县581家淘宝网店，9个网络销售平台进行销售，对微博、微信有推广经验的业务人员，协会招募并对他们进行专业化的微营销培训，创新“市场＋电商＋协会＋农户”模式，把现有的优势资源与外面市场进行精准对接，最大程度通过网络促销使贫困户的农特产品销往全国各地，缓解全县农产品的销售难问题。

2. 扩大网络营销

通过对微信、微博、微媒体等9个网络销售平台运用，促进

了全县特色农产品在网上热卖、快卖，带动了群众收入大幅增加，2014年全县通过电子商务实现销售总额6946万元，线上直接销售1946万元，线下5000万元。2015年前10个月，线上销售2767万元，线下3200万元，实现销售额5967万元。同时注重微商项目的开发与应用，借助口碑效益逐渐积累微商群体，实现线上线下O2O营销模式，按照规模化种植、标准化经营、商品化销售的总体要求，发展核桃、花椒、天麻、茶叶、食用菌、蜂蜜、贯叶连翘等特色产业，促进特色产业提质增效。电子商务的广泛应用，帮助贫困户足不出户卖出了农产品，而且还能卖出好价钱，比如木耳、核桃单价与2013年相比，增幅在20%左右。

3. 注重人才培育

把培养电商人才作为发展电子商务的主要措施，坚持外抓学习考察，内抓操作培训，截至2015年10月，全县累计建成网店627家，培训1960人次，利用“双联”载体，进村入户普及电商知识，培训了200名农民家庭“两后生”，广泛辐射农村致富带头人、专业大户、农产品购销和贩运商为主体的电子商务专业队伍，大批返乡青年、新农人群体和大学生“村官”开办网店帮助群众销售农产品。

4. 完善发展模式

在网店运营模式上，形成县级对接市场，乡级结对县级，村级结对乡级的电商大联盟，在网店运营模式上，全县以县级电商服务中心为窗口，以乡、村级农特产品、特色种植、养殖产业为网络货源，研发“新”“奇”“异”特点的优质网销产品，优选十佳网店、电商大户、康县籍在校大专院校学生为主体，实行网店托管对350个村农特产品网络销售进行结对帮扶，对他们种植、养殖生鲜产品等进行网络预售，缓解产品滞销，为群众增收开辟了一条新路子。

从灾后重建开始，历经乡村清洁行动、生态文明新农村建设行动、农村人居环境改善行动、乡村产业发展行动，康县始终围绕做好美丽乡村这篇大文章，历届政府持续接力，“一张蓝图绘到底，一届接着一届干”，由建设到管理、再到经营，经过多年的探索与实践，全县乡村面貌显著改善，实现了“天蓝地绿水清、村美院净家洁”，整县成为一个不要门票的生态旅游大景区，连续四年获得全省美丽乡村建设综合评比第一名。全县主要经济指标较五年前实现翻番，生产总值由2009年的8.1亿元增加到2015年的19.22亿元，全县大口径财政收入由1.05亿元增加到3.06亿元，公共财政预算收入由0.4亿元增加到1.49亿元。在经济实现跨越式发展的同时，人民群众的收入不断提高，城镇居民人均可支配收入由6600元增加到18258元，农民人均纯收入由1915元增加到5032元，年均增长17.47%。如今，在陇东南的青山绿水旁，美丽乡村建设与发展的“康县模式”已悄然成型。

第三章　康县模式的内涵

美，是能够让人们身心舒畅、精神振奋、轻松和谐的客观事物的一种特殊属性。美丽，是使各种感官极为愉悦，在形式、比例、布局、色彩、风光，甚至声音上接近完美或理想境界的一种存在。美丽乡村，是生态环境优美、村容村貌整洁、基础设施完善、公共服务健全、乡土文化繁荣、产业特色鲜明、村风文明和谐、群众生活富裕、充满发展活力的一种乡村社会治理状态。

围绕美丽乡村建设，康县从建设理念、建设目标、建设原则、建设内容、建设类型，到建设标准、建设机制、建设措施等，建立了一套内涵丰富的完整体系，形成了一套可学习、可借鉴、可复制、可推广的模式。

一、建设理念

理念指导行动，有什么样的理念，就会有什么样的行动。美丽乡村究竟应该是怎样的？应该按照怎样的理念来建设？各地都在探索。

近年来，习近平总书记围绕社会主义新农村建设发表了一系列重要论述，提出了一系列富有创见的建设理念：绿水青山就是金山银山，既要金山银山又要绿水青山，绿水青山可带来金山银山，但金山银山买不到绿水青山；中国要美，农村必须美，建设美丽中国，必须建设好美丽乡村，美丽中国要靠美丽乡村打基础；新农村建设一定要走符合农村的建设路子，注意乡土味道，体现农村特点，记得住乡愁，留得住绿水青山；乡村文明是中华民族文明史的主体，村庄是乡村文明的载体，耕读文明是我们的软实力，要保留乡村风貌，坚持传承文化。

看得见水、望得见山，留得住乡愁、存得住记忆，发掘乡土味道、传承乡村文明。正是出于这样的考虑，康县的美丽乡村建设突出彰显村庄特色和民居风貌，坚持了“生态为基、发展为要、民生为本，整县建成生态旅游大景区”的全面发展理念，凸显了“生态经济化、经济生态化”的乡村经营发展理念，“不砍树、不埋泉、不毁草、不挪石”的乡村原生态保护理念，“一村一规划、一村一景观、一户一品牌”的乡村生态旅游开发理念，“统筹城乡一体发展、建设生态美丽康县”的就地城镇化理念，以及“不搞大拆大建、不搞大集中，就地取材、顺势而为”的人与自然和谐共处理念。

理念只有落实到行动上才能真正发挥引领作用。作为对建设理念的具体体现，康县在美丽乡村建设中划定并坚守住了一条条底线：

在规划制度上，坚持高起点高标准、大手笔、大视野，不将就；

在规划落实上，坚持“一张蓝图绘到底”“一届接着一届干”，不折腾；

在领导体制上，坚持县委统揽、政府总抓、各部门协同配合，不扯皮；

在工作机制上，坚持主要领导带头抓点、四大班子成员齐动、联村联户部门实帮、乡镇村社干部真干、广大群众齐动员，不留死角；

在建设资源上，坚持以规划整合项目、以项目整合资金，不撒胡椒面；

在建设内容上，坚持严格标准、综合配套、整村推进，不返工；

在建设思路上，坚持就地取材、顺应自然、保护原生态，不铺张（低成本）；

在考核机制上，坚持按月督查、按月排序、按月通报，不徇私情；

在村内管理上，坚持村内事情村民定、村民建设村民管，不包办；

在建设标准上，坚持量体裁衣、分类分层，不搞“一刀切”；

在建设规模上，坚持量需而为、注重实用，不争面子；

在建设进度上，坚持量力而行、稳步推进，不搞“齐步走”；

在建设方法上，坚持虚实结合、软硬并举，不搞“单打一”；

在建设投入上，坚持以干克难、主动作为，不“等靠要”；

在建设质量上，坚持靠实责任、严格标准，不糊弄。

二、建设目标

美丽乡村建设不仅是简单地村庄整治和单纯的环境改善，而是以此为切入点，实质性地推动农村生态产业的培育与持续发展，推动农村人居环境的功能化提升，推动农村各项事业的全面进步，推动农村文明新风的全面创建，更进一步讲是对新农村建设整体化实施、品牌化经营的探索，因而是整个农村工作的总抓手。

因此，康县的美丽乡村建设秉承了“生产发展、生活宽裕、乡风文明、村容整洁、管理民主”的社会主义新农村建设宗旨，围绕“做靓乡村、做美集镇、做强县城”的总体思路和“建生态村、做文明人、走致富路”的目标定位，坚持生态环境资源的保护和有效利用、人与自然的和谐相处、农业生产方式的转变、农村的可持续发展、农村文明的传承与保护。

（一）具体目标

以重点区域重点村、中心村建设为重点，把美丽乡村建设连点成线、扩线为面。以环境整治为基础，以“经营农村”为导向，加快基础设施建设，大力培育产业特色村、历史文化特色村等，努力建设宜居、宜业、宜游的美丽乡村。把整县按照生态旅游大景区来打造，把每个乡村按旅游景点来打造，把每一农户当作一个小品来打造，在2020年以前，把全县350个行政村全部打造成为生态环境优美、村容村貌整洁、基础设施完善、群众生活富裕、生活品质高雅、乡风文明高尚、乡土文化繁荣、产业特色鲜明、生产方式先进、基层组织充满活力、群众普遍满意的生态文明新农村。要在已有江武路、白望路、康阳路百公里生态旅游风情线打造的基础上，把美丽乡村建设重点放在城关镇、王坝乡、岸门口镇、碾坝乡四乡镇农村，打造县城周围后花园，优先实现县城周围乡村城乡一体化发展，成为带动全县整体美丽乡村建设的发展中心。围绕江武路、白望路、康阳路生态旅游风情线建设，广泛开展“生态文明村”“文明公路线”“旅游专业村”创建活动，把村庄、农户、青山、秀水、奇石、竹海、茶园和珍稀动植物作为特色精品打造，着力建设“阳光蓝天山水相互映衬的自然生态家园，桑茶竹海农家交织而成的休闲养生胜地”，把望关至王坝、县城至阳坝打造成美丽乡村生态旅游精品线路。

（二）最终目标

把康县整县（全部350个行政村）建成高标准美丽乡村，打造为全省乃至更大范围内生态环境最优美、村容村貌最整洁、产业特色最鲜明、社区服务最健全、乡土文化最繁荣、农民生活最幸福的地区之一，从根本上实现“统筹城乡一体发展、建设生态美丽康县、全面建成小康社会”的奋斗目标。

三、建设原则

美丽乡村的建设是一项复杂的系统工程，牵扯面宽、工作量大、内容头绪多、资源整合和统筹协调难度大，因此必须要遵循统一的原则有序推进。

在康县美丽乡村的建设实践中，以下原则贯穿始终：

（一）统一规划，全面惠及

美丽乡村建设坚持规划先行，充分发挥规划引领作用。做到没有规划不设计，没有设计不审批，没有审批不建设。在项目审批中，按照先审批规划设计，再根据规划设计审批实施方案的程序。总体规划根据县域发展规划和功能区划分来制定，同时科学把握各类专题规划的定位和深度。努力做到总体规划明方向、专项规划相协调、重点规划有深度、建设规划能落地，形成以“美丽乡村”建设总体规划为龙头，各项系列专题规划相衔接的规划体系。坚持因地制宜编制规划，合理确定村庄的布局和每类村庄的人口规模、功能定位、发展方向，避免不必要的重复建设和大拆大建，做到村庄内生活、生产、生态等功能的合理分区和服务设施的合理布点。坚持衔接配套编制规划，确保县域村庄布局规划、村庄建设规划的有机统一，加强县域村庄布局规划与土地利用总体规划、城镇体系规划、基础设施建设规划等相互衔接，实现县域范围城乡规划全覆盖、要素全统筹、建设“一盘棋”。在优化县域村庄布局和农村社区布局的基础上，推动农村资源要素向中心镇、中心村配置，围绕提升农村公共服务圈，扩大中心村公共服务平台的建设内容和辐射范围，加速实现城乡基本公共服务均等化，逐步建成便捷的农技服务圈、教育服务圈、卫生服务圈、文化服务圈，实现农村社区的就地城镇化。

（二）量力而行，分步实施

根据各级政府资金投入和群众自筹能力，做到“符合规律不折腾、统筹推进不重复、长效使用不浪费”，按照以公路沿线优先试点，再由公路沿线向川坝河谷、由川坝河谷向高半山区、由高半山向边远地区延伸的次序分阶段梯度推进，先易后难，逐步提高建设层次和水平。推进美丽乡村建设，点上整治是基础，面上改观是目标，落实规划配套建设项目和资金要素，优先改善农民生产生活基本条件。在村庄建设的初始阶段，以垃圾收集、污水治理、改厕改圈、河沟清理、道路硬化、村庄绿化为重点，全面推行“户集、村收、镇运”的农村垃圾集中收集处理模式，彻底清理露天粪坑，全面改造简易户厕，建立农村卫生长效保洁机制，推行“村集体主导、保洁员负责、农户分区包干”的常态保洁制度，实现村庄洁净。在此基础上，逐步配套完善，由点到面、串点成线、连线成片，全面实施美丽乡村建设行动计划，注重从根源上、区域化解决农村环境问题，联动推进生态人居、生态环境、生态经济、生态文化建设，联动推进区域性路网、管网、河网、垃圾处理网等一体化建设，联动推进农村科技、教育、卫生、文化等公共服务圈建设。确保建设一批成功一批。

（三）因地制宜，彰显特色

坚持建设与保护、培育与传承相结合，保护农村的文化血脉，不断彰显美丽乡村建设的乡土特色。全面推进历史文化村落保护利用工作，整体推进古建筑与村庄生态环境的综合保护、优秀传统文化的发掘传承、村落人居环境的科学整治和乡村休闲的有序发展，教育广大农民珍惜先人遗产、弘扬优秀传统文化、推进村风村容建设，确保以“乡愁”的记忆凝聚流动的人群，确保将文化遗产传承给子孙后代。依托当地山水资源丰富、自然景观优美、特色文化浓厚等优势，注重保持农村田园风貌，传承乡村优秀文化，保留具有当地特色的民宅民居，突出区域民俗风情，挖掘反映村落个性的耕读文化，提炼体现地域特色的产业文化和民间技艺，建设农耕文化展览馆、特色技艺体验馆、风味食品品味馆等场所。在村庄绿化和风景林建设上体现“一村一树、一山一景”特色；在河道治理上体现“活水进村、清水出村”特色；在产业培育上体现户有增收产业、村有主导产业的“一村一业”特色；在道路整治上体现曲径通幽、道旁植物“一村一品、一村一韵”特色；在文化建设上体现“一村一馆”特色；在村庄建设上体现康南、康中、康北不同风格，山区、川坝不同特点的地域文化。防止贪大求洋，避免千村一面、千篇一律。康南五乡镇美丽乡村建设重点反映山水风情、秦巴风情、陇上茶乡风情、亚热带风情等独特自然生态特色，康中六个乡镇美丽乡村建设重点体现田园风情特色，康北十个乡镇美丽乡村建设围绕历史、民俗等文化元素，重点反映民俗文化特色。

（四）整合资源，形成合力

美丽乡村建设需要大量的资金投入，作为国家级贫困县，康县自身没有优势。因此，必须在整合资源、形成合力上做文章。按照“集中管理、分类申报、渠道不乱、用途不变、各记其功”的原则，把凡是用于农村建设的财政一事一议、扶贫、农业、林业、国土、水利、交通、文体、环保等各类项目资金原则上全部整合到美丽乡村建设上来。积极从上级列项、财政一事一议、县级财政配套、扶贫整村项目、农村危房改造、单位帮建、村民自筹、能人大户捐建等多种渠道筹集资金。在不改变资金用途和管理责任主体的前提下，通过存量调整、增量集中等方式，整合性质相同、用途相近、来源不同的财政涉农资金，做到“多个渠道进水、一个池子蓄水、一个龙头放水”，集中财力支持美丽乡村建设，“各炒一盘菜，共办一桌席”，形成项目资金合力，提高资金使用效率，共同推进美丽乡村建设。

（五）政府主导，群众主体

美丽乡村建设作为农村工作的总抓手，是一项浩大复杂的系统工程，政府的主导作用和群众的主体作用二者不可或缺。从发展战略、发展理念、建设规划、建设标准、建设内容、建设模式、建设措施、运行机制的制定，到组织协调、资源整合、运行保障、宣传动员、监督检查、考核评比等全过程各环节政府都发挥着关键性的主导作用，只有党委强有力的领导、政府不遗余力的推动、人大和政协齐心协力的鼎力配合、各级基层组织竭尽全力的真抓实干，全县范围大面积的美丽乡村建设才能排除各种阻力和障碍持续坚持下来，并取得明显成效。然而美丽乡村建设的落脚点在“乡村”，农民群众才是真正的主体。美丽乡村建设为的是农民，靠的也是农民。最应该受益、最应该得到实惠的就是农民群众。通过政策引导，让农民看到美丽乡村建设的美好远景，加大宣传教育力度，增强广大农民群众的生态意识和环保意识，大力倡导节约、绿色消费方式和生活习惯，努力营造人人关心、参与、支持美丽乡村建设的浓厚社会氛围。进一步增强建设美好家园的信心和自觉性，变“要我建”为“我要建”，变“等等看”为“主动干”。农民长期生活在农村，对农村建设发展最有发言权。通过多种方式征求群众意见，确保农民群众真正享有美丽乡村建设的知情权、参与权、表达权和监督权。凡涉及规划建设、项目实施等群众利益的事，都先征求群众意见，规划也先在村里公示后再审批。富民增收才是根本，保证每个农民都能在发展中受益，是美丽乡村建设的出发点和立足点。积极拓宽农民增收致富渠道，将农民群众的力量凝聚成推动建设发展的强大合力。

（六）立足当前，放眼未来

以人居环境的改善为核心开始美丽乡村的建设，是最容易取得成效的切入点，是广大农村群众最现实的需要，是让发展成果惠及农村民众的必然选择，也是推进农村发展的基础性工程，十分重要。但美丽乡村的建设，更重要的是要着眼于农村的长远发展，从根本上解决好农村，特别是贫困农村脱贫致富奔小康的问题，解决好乡村永续发展的产业支撑问题。因此，美丽乡村的建设，必须坚持与扶贫开发，特别是精准扶贫有机结合，必须坚持与乡村产业开发有机结合，注重经营美丽乡村，围绕美丽乡村大力发展包括生态环境休闲游、田园风采观光游、古树名木观赏游、特色农业品味游、乡风民俗体验游、传统工艺参观游、乡土文化欣赏游、乡村记忆寻访游、人文古迹凭吊游在内的乡村旅游产业，把生态优势转化为生态效益，把资源优势转化为产业优势，把美丽乡村幻化成农民增收致富的最大资源。

（七）严格标准，动态管理

一方面，科学制定美丽乡村建设的各项标准，包括项目申报审批标准，精品村、示范村、达标村验收标准，村容村貌、道路水电、环境卫生、房屋庭院、文化广场、文化墙、标识牌、垃圾房（箱）、牲畜棚、厕所、路灯等每一项具体项目的建设标准，形成完整的标准体系。另一方面，建立严格的考核制度，以考核来促进和巩固美丽乡村建设成果，实行动态管理。从严加强对已建成美丽乡村的追踪考核，坚持明察暗访相结合，好的晋档（达标村晋级示范村，示范村晋级精品村）奖励，差的降级（精品村降为示范村，示范村降为达标村，达标村限期整改）处罚；从严加强对各个建设项目的跟踪督查验收，坚持强化过程管理，及时发现问题督促返工整改，确保各项工程全部合格；从严加强对各个责任单位和干部个人的美丽乡村建设工作绩效考核，坚持一月一检查、一月一排序、一月一通报，业绩突出者优先提拔重用，工作不力者调岗降职；从严加强对村民文明新风的考核，坚持开展“四新”竞赛、“六争六评”创建，以及“小手拉大手”活动，大张旗鼓地表彰各类乡村先进个人和文明户。

四、建设内容

美丽乡村的建设，重点在于实现基础设施的配套化、村容村貌的园林化、家庭院落的花园化、村风民风的和谐化、经济发展的产业化，以及管理机制的长效化。

立足已有发展基础，康县的美丽乡村建设重点把握了以下六个方面的内容：

（一）科学规划布局美

坚持从各村实际出发，严格制定创建标准，科学编制详细、明确、可行的建设规划，以需求和问题为导向，综合评价村庄的发展条件，提出村庄建设与治理、产业发展、农民素质、文化建设和村庄管理等方面的总体要求。统筹村民建房、村庄整治改造，统一建筑的平面改造和立面整饰设计，着力改善村容村貌，提升农民居住条件；科学确定村民活动、文体教育、医疗卫生、社会福利等公共服务和管理设施的布局和建设要求，合理规划村域道路、供水、排水、供电、通信等各项基础设施的布局、管线走向、敷设方式等，全面完善配套设施；合理确定垃圾、污水收集处理设施和公厕等环境卫生设施的配置和建设要求，科学规划村庄传统民居、历史建筑、古树名木等人文景观的保护与利用措施，构建舒适的农村生态人居环境。

（二）村容整洁环境美

以突出治理乱堆乱放、乱修乱建、乱采乱挖、乱砍乱伐、乱贴乱画为重点，扩大村庄整治工程的建设面，实现农村环境卫生、道路交通等公共基础设施完善、布局合理、功能配套，乡村景观设计科学，村容村貌整洁有序，河塘沟渠得到综合治理；生产生活实现分区，主要道路硬化；人畜饮水设施完善、安全达标；生活垃圾、污水处理利用设施完善，交通出行便利快捷，商业服务能满足日常生活需要，用水、用电和通信等生活服务设施齐全，新型农村合作医疗和养老保险全面覆盖，农村卫生医疗设施健全，构建优美的乡村生态环境体系。广泛教育和动员群众顾大局、识大体、互帮互助，积极投身美丽乡村建设，争当美丽乡村建设带头人，在基础设施、产业发展、风貌改造、环境治理、培育新风、民主管理、机制创新等方面配套推进，探索城乡一体新路子。

（三）创业增收生活美

建设美丽乡村，不仅要让农村变美，更要让群众富裕。我们既要着眼于夯实发展基础，又要着力于增加群众收入，大力培育发展特色富民产业。以推广农村实用技术为重点，开展系统化、规范化、大规模、多层次、多形式的农村实用技术培训，加大对农业产业化龙头企业、农民专业合作社、能人大户、科技示范户、农村致富带头人和青壮年农民的培训，帮助广大农民树立科学生产和现代市场经济意识，提高农民专业化生产、产业化经营能力，引领群众争创勤劳致富好家庭。因地制宜编制村庄产业发展规划，按照“整县核桃、南茶北桑，优势产业、重点突破”的开发思路，大力发展核桃、蚕桑、茶叶、花椒、中药材、畜牧养殖、大鲵特种养殖、食用菌等绿色、环保、无污染的绿色农业。对每个村在种植业、养殖业等方面都确定一个主导产业，并把各类特色农业示范点、产业扶贫项目、产业扶持发展项目向重点村主导产业倾斜，把分散的农民有效地组织起来，组建各种类型的新型农业经营主体，健全农业生产经营活动所需的政策、农资、科技、金融、市场信息等服务体系，积极发展农家乐等乡村旅游业、乡村生态农产品加工业，传承和发展特色饮食、民间传统手工艺，促进农民创业增收，实现“村村有主导产业、户户有增收计划、人人有增收项目”的一村一品主导产业致富格局。

（四）乡风文明素质美

以提高农民群众生态文明素养，形成农村生态文明新风尚为目标，挖掘和传承保护传统建筑、民族服饰、农民艺术、民间传说、农谚民谣、生产生活习俗、农业文化遗产等农耕文化、奇石文化、民俗文化、古树文化、古建筑文化，加强崇尚科学、反对迷信，明理诚信、尊老爱幼，勤劳节俭、奉献社会等乡村文明的传承教育，经常性开展文化体育活动，增强村民的可持续发展观念。开展以“学孝、知孝、行孝、推恩”为重点的道德实践活动，引导广大农村妇女争做孝敬父母好儿媳，弘扬尊老敬老新风尚，热爱生活、弘扬美德、勤俭持家、善待老人、孝顺公婆、夫妻互爱、科学教子、以德育人、妯娌团结。坚持经常性开展形势政策、普法宣传教育，指导乡镇、村修订完善村规民约，培养和评选遵纪守法光荣户，教育动员全村群众学法、守法、用法，努力做到户与户之间、人与人之间多沟通交流，相互包容，遇事宽容，热心公益事业，热爱集体荣誉，带头讲公德、重品德、树新风，培育遵纪守法新农民，创新农村管理新模式。深入开展村庄邻里关系调查，掌握邻里渊源，建立互助小组，督促小组成员经常沟通交流，谈思想、增感情，引导群众争当邻里和睦文明户，保持邻里之间和睦相处、和谐共融，农户之间无争端，邻里之间互帮互助，相处多包容，遇事多容让，彻底改善和建立良好邻里关系，开创乡风文明新局面。

（五）监督管理服务美

健全村民自治机制，利用村务公开栏、网络、广播、电视等形式，保障村民了解美丽乡村建设动态、农事、村务、旅游、商务、防控、民生等信息，参与美丽乡村建设和日常监督管理，充分发挥村民主体作用。建立健全美丽乡村建设、运行管理、服务等制度，落实管护资金，明确管理责任主体、实施主体，建立起一套农村公共服务设施管护及环境卫生管理的长效机制，综合运用检查、考核、奖惩等方式，对美丽乡村的建设与运行实施动态监督和管理。建立村内环境卫生清扫和保洁、园林绿化养护、基础设施维护等管护制度，配备相应的管护人员，约束引导群众积极清扫室内卫生，争创环境卫生模范户，并主动参与村内环境卫生清洁活动，自觉保护花草树木和公共服务设施，保持村内户内环境卫生长期干净整洁，着力塑造康县文明健康新形象。

（六）基层组织保障美

充分发挥基层党组织在美丽乡村建设中推动发展、服务群众、凝聚人心、促进和谐的作用，注重破解农村基层组织不愿干、不会干、干不好的问题。着眼于解决村干部占位不为、能力不强、思路不新、实绩平平等突出问题，建设“五个一批”[1]，打造素质优良、能力突出、作风过硬的党员干部队伍，保证基层组织有人干事；着眼于解决村级组织和干部发展思路不清、方向不明，干事无规划等突出问题，着力做好“四个规划”[2]，在重点任务落实中为乡村干部干事创业创设载体、搭建平台，保障基层党组织按规行事、依规干事；坚持选拔与培养并重，确保基层组织有人干；着眼于解决群众诉求得不到解决、群众对乡村干部意见大、村干部无钱办事等难题，整合各类资源和资金，做好“四个统筹”[3]，保证基层组织和乡村干部有钱干事；着眼于解决乡村干部待遇偏低、工作实绩奖罚不明、运行机制不够规范等突出问题，建立“四项机制”[4]，保证基层党组织和党员干部干事创业有盼头、有劲头。全力打造有人干、有规干、有钱干、有劲干的“四有型”基层组织。抓阵地强基础，为美丽乡村建设提供后动力；抓班子强堡垒，将村上能人、妇女干部、致富带头人等优秀人才选入党组织班子，采取优秀年轻干部挂职任村第一书记加强基层组织班子，将大学生村官拉入班子队伍，增强班子的领导力与执行力，为美丽乡村建设提供向心力；抓队伍强素质，加强党员干部教育培训，为美丽乡村建设提供战斗力；抓制度强规范，全面推行以“民情直访、民意直通、民事直办”和“事前公告制、定事

---

①“五个一批”指吸引一批返乡青年、竞聘一批致富能人、培养一批后备干部、培训一批党员干部、补充一批机关干部。

①“四个规划”指城乡一体规划、美丽乡村规划、富民产业规划、乡村旅游规划。

②“四个统筹”指统筹各类涉农资金、统筹双联帮扶资源、统筹农村工作经费、统筹发展集体经济。

③“四项机制”指合理的干部待遇保障机制、科学的干部能上能下机制、规范的村级组织运行机制、严格的干部激励约束机制。

合议制、事定承诺制、事中监督制、事后评议制”为主要内容的“3+5”工作法，认真贯彻落实以公开承诺，领导点评、群众评议和组织评选，各单位党组织要定期公开基层党支部创先争优活动开展情况、基层党支部及时公开党员开展活动情况、党员每月公开践诺情况等为内容的“一诺三评三公开”工作制度，为美丽乡村建设提供执行力；健全村级组织领导机制、决策机制、执行机制和监督机制。

创建美丽乡村，环境整治和基础设施建设是基础，也是核心。要加快农村路网建设，实现通乡、通村、通社公路全覆盖，提高农村公路安全畅通水平；要改造升级农村电网，提高电网供电能力和电能质量，实现城乡各类用电同网同价，进一步减轻农村用电负担；要提升农村信息化水平，实现行政村互联网宽带上网目标，实现“电视户户通”；要覆盖农村安全饮水工程，让农民都能喝上安全清洁放心水；要改造河堤水坝，确保农村群众生命财产安全；要提高排污治污能力，综合整治农村环境，因地制宜开展生活污水处理，推行不同垃圾处理模式，加强垃圾分类减量无害化处理改造，推进乡村环境卫生；要加快农村危房改造，改善农村居民住房条件，提高生活质量；要改变村庄环境卫生，使农村人居环境治理常态化；要美化村庄环境，加强农房、院落和山水田林路综合整治，因地制宜开展村庄绿化、美化、亮化，保持自然山水生态格局，实现村庄整体风貌与资源环境相协调；要推进城市公共服务向农村覆盖、城市文明向农村辐射，配套建设农村综合服务中心、便民卫生服务室、便民理发室、幼儿园、邮政代办点、金融代办站、村级文化室、老年人日间照料中心、道德讲堂、健身活动广场等公共服务设施，努力提升农民的生活品质；要加快土地承包经营权流转，推进农业规模化、集约化、标准化经营，扶持新型经营主体，发展休闲旅游等新兴产业，培养新型农民。

在美丽乡村建设中，针对乡村环境整治和基础设施建设，大力实施“四清、五化、五改、五治、六通、六有、三进一出、八配套”工程。具体内容如下：

“四清”，即清理粪堆、清理垃圾堆、清理柴草堆、清理河道。

“五化”，即道路硬化、村容净化、家庭美化、四旁绿化、居室亮化。

“五改”，即改炕、改水、改灶、改厕、改圈。

“五治”，即治理乱堆乱放、治理乱搭乱建、治理乱采乱挖、治理乱砍乱伐、治理乱贴乱画。

“六通”，即通水泥路、通电、通自来水、通电话、通电视、通互联网。

“六有”，即村有垃圾场、社有垃圾池、户有垃圾箱、人有厕、畜有圈、机有棚。

“三进一出”，即美化进院落、畜禽进圈舍、农机进车棚，垃圾出村庄。

“八配套”，即配套建设村级组织活动室、农民科技培训室、农家书屋、五保家园、健身休闲文化广场、便民小超市、医疗卫生室、村史馆。

五、建设类型

康县美丽乡村建设坚持人与自然相协调、传统文化与现代文明相辉映、山水与田园相融合，突出保护原生态；坚持依村就势、因户施策，新村重在建设、老村重在改造、古村重在保护，在康北突出民俗文化，在康中突出田园风情，在康南突出生态特色。在实践中总结中形成了生态旅游型、古村修复型、产业培育型、环境改善型、易地搬迁型五种各具特色的建设类型。

（一）生态旅游型

对一些交通便利、自然环境优美的村庄，注重基础设施配套化、村容村貌园林化、家庭院落花园化，充分尊重村庄原有的自然生态和风貌，彰显村庄自然山水生态及田园风情特点，因地制宜，建设绿色、环保、天蓝水净的生态旅游型美丽乡村。动员有条件的村民发展农家乐和家庭宾馆，发展美丽乡村生态环境游、农家休闲游、农事体验游、田园观光游和民俗风情游。截至目前，全县已建成生态旅游型美丽乡村 41 个，比较典型的要数王坝乡大水沟村、城关镇凤凰谷村等，严家坝村因 2800 多年的古银杏、花桥村因 1000 多年的菩提树、枫岭村因 1500 多年的金桂、罗坪村因千年紫藤而闻名。

（二）古村修复型

对一些具有一定历史文化背景的村庄，注重扶贫开发、土地利用、基础设施与历史文化、传统村落保护相衔接，在保持当地山水风光、乡土风情、民俗风韵和传统风貌的同时，充分发掘和保护古村落、古民居、古街坊、古城楼、古建筑、古树名木和民俗文化等历史文化遗迹遗存，优化美化村庄人居环境，充分展现村庄原有风格和历史文化，并在此基础上发展以古树名木观赏游、乡村记忆寻访游、乡土文化欣赏游、人文古迹凭吊游、乡风民俗体验游为核心内容的乡村旅游。截至目前，全县已建成古村修复型美丽乡村 29 个，其中以平洛镇的药铺沟村和铜钱乡的铜钱坝村最为典型。

（三）产业培育型

对一些资源优势明显、基础设施配套、环境建设档次比较高的村庄，立足于农业资源优势和传统的产业发展基础，大力扶持特色富民产业提质增效，强化主导产业支撑，促进持续发展，建设产业培育型美丽乡村，并围绕主导产业发展以特色农业品味游、传统工艺参观游等为核心内容的乡村旅游。截至目前，全县已建成产业培育型美丽乡村 64 个，其中，阳坝镇宋沟村以茶叶产业而闻名。

（四）环境改善型

对一些基础设施和生态环境相对滞后的村庄，按照安全、适用、经济、美观、协调相结合的原则，重点推进村庄环境卫生整治、危旧房屋改造、道路硬化、空地绿化、庭院硬化美化、垃圾处理，建成总体风貌整齐美观、村容整洁、干净卫生的环境改善型美丽乡村。截至目前，全县已建成环境改善型美丽乡村 74 个，其中，具有代表性的是长坝镇长坝村。

（五）易地搬迁型

对分散居住在高山林缘、交通不便，以及灾后原地选址重建困难的村庄，结合主体功能区定位和经济社会发展长远规划，实施整村异地搬迁或者适度撤并集中布点，按照城市社区管理的特点，统筹考虑人居环境的改善、基础设施的完备、公共服务的配套和主导产业的培育，建设现代气息浓郁的异地搬迁型（社区管理型）美丽乡村。截至目前，全县已建成易地搬迁型美丽乡村 28 个，典型代表有岸门口镇的青岗坝村、何家山村等。

按照规划，康县北部太石、豆坪、平洛、望关、长坝、大堡、寺台、云台、大南峪、迷坝等康北十乡镇美丽乡村建设要围绕历史文化、民俗文化，每个村要体现村庄的独特风情、文化特色等特点，重点反映田园风光、黄土坡塬风情等特色。如平洛团庄村、望关寨子村等村美丽乡村建设要体现千年古村特色；大南峪花庙村、后沟村要体现出江南水乡田园韵味；望关徐罗村要体现出高半山区美丽乡村特色，长坝花桥村要体现出山水园林式美丽家园，大堡蔡家坝村要体现出红色文化新村，寺台黄庄要体现出顺应自然的康北地域特色美丽乡村，等等。

康县中部城关、碾坝、豆坝、店子、王坝、岸门口六乡镇美丽乡村建设要注重体现田园风光、林缘风情特色及县城后花园等特点。如王坝乡美丽乡村要体现诗画田园特点，大水沟要体现园林式幸福家园特点；碾坝乡玄麻湾村、城关凤凰谷美丽乡村要体现后花园式现代新村特点，建成生态旅游休闲度假村；豆坝乡、店子乡的美丽乡村要突出林缘山区风情特色。

康县南部生态良好，林草茂密，山川秀美，风光旖旎，是一幅原生态的山水画卷，有阳坝梅园沟国家 4A 级景区、白云山省级森林公园、清河原始森林等自然风景区，独具特色，是发展生态旅游文化的重要资源。白杨、铜钱、三河、阳坝、两河五乡镇的美丽乡村建设要注重体现山水特色，反映生态山水风情、秦巴风情、陇上茶乡风情、亚热带风情等康南独特自然文化风情，如阳坝镇宋沟村美丽乡村建设要打造陇上茶乡乡村旅游示范村，体现浓郁的秦巴风情特色；阳坝镇梅园沟流域，白杨乡王坪村、枫岭村等村美丽乡村建设要注重体现人与自然山水的和谐共生，打造乡村旅游休闲度假村。

六、建设标准

康县的美丽乡村分为精品村、示范村和达标村三类不同标准进行建设和验收，实行动态管理。建设过程形成的固定资产纳入村级集体资产，在县、乡、村分别建立相应的固定资产台账。

美丽乡村的创建标准如下：

（一）精品村

一是村庄规划科学合理，基础设施完备，能充分体现村庄优势特色。

二是生态环境优美，村容整洁美观，并有较好的景观特色。

三是产业配套，经济富裕，产业集聚有特色。

四是具有较好的历史底蕴和文化特色。

五是道路硬化、空地绿化、庭院硬化，室内整洁卫生，房屋风貌改造亮化档次高、亮化率达到100%，村庄绿化率达到90%以上，街面整洁达到“七无”（街面无污水、无垃圾、无乱停乱放、无乱搭乱建、无乱堆乱放，设施无斑垢、无破损），危旧房拆除率达到100%、旧房亮化率达到100%、门前三包责任制落实率达到100%。

六是村名等各种标识牌齐全，管理制度健全，管理规范，乡风文明。

（二）示范村

一是村庄规划科学生态，基础设施完备，能体现村庄一些方面的特色。

二是生态环境优越，村容整洁美观，并有一定景观特色。

三是产业配套，经济富裕，产业集聚有特色。

四是具有一定的历史底蕴和文化特色。

五是道路硬化、庭院硬化、室内整洁卫生，房屋风貌改造亮化档次比较高、亮化率达到 85% 以上，村庄绿化率达到 80% 以上，街面整洁基本达到“七无”，门前三包责任制落实率达到 100%，影响村容村貌的危旧房拆除率达到 80%。

六是村名等各种标识牌齐全，管理制度健全，管理规范，乡风文明。

（三）达标村

一是基础设施完备，村容整洁，较好完成“四清、五化、五改、六有”工程。

二是产业配套，经济良好。

三是村内主干道路平整畅通，入户道路硬化达到 60% 以上，村庄绿化率达到 70% 以上，室内整洁卫生，房屋改造亮化率达到 70%，危旧房拆除率达到 70%，街面整洁基本达到“七无”，门前三包责任制落实率达到 100%。

四是长效机制健全，管理规范，乡风文明。

美丽乡村创建完成后，需要接受由康县美丽乡村建设领导小组办公室统一组织的检查验收。验收分三个阶段采取百分制量化打分的方式进行。第一阶段主要验收基础设施建设情况，第二阶段主要验收产业配套建设情况，第三阶段主要验收长效机制建立情况。三个阶段验收总得分在 280 分以上的，确定为精品村，授予精品村牌子并给予30万元的奖补资金；三个阶段验收总得分在260分以上的，确定为示范村，授予示范村牌子并给予20万元的奖补资金；三个阶段验收总得分在230分以上的，确定为达标村并给予5万元的奖补资金。

精品村和示范村实行动态管理。对按示范村或达标村规划建设，实际验收得分达到精品村或示范村标准的，分别按精品村或示范村奖励标准兑现奖补资金；对按精品村或示范村规划建设，但第一次验收未达到精品村或示范村标准，仅达到示范村或达标村创建标准的，按示范村、达标村兑现奖励，若继续创建在规定时间内提高了建设档次，并经第二次验收达到精品村或示范村创建标准的，补足奖补资金差额部分。精品村、示范村授牌管理后，每3年进行一次资格复核，如果长效管理不到位，建设成果保持差，经限期整改后仍达不到要求的，实行摘牌处罚，追回已发放的奖补资金，并追究相关领导责任。

七、建设措施

美丽乡村的建设目标、内容、标准确定后，接下来所面对的核心问题就是怎么建？康县通过实施生态人居建设行动、生态环境提升行动、生态经济推进行动、乡风文明创建行动、长效管理落实行动、基层组织活力激发行动"六大行动工程"，有效破解政策接续、建设资金短缺、建设力量分散、群众积极性调动、基层组织活力激发、干群关系紧张、生活习惯转变等一系列难题，扎实推进了美丽乡村的建设，从而以实际行动回答了怎么建设美丽乡村的问题。

（一）积极实施六大行动工程

1. 生态人居建设行动

按照“科学规划布局美”的要求，实施“生态人居建设行动”。坚持从各村实际出发，严格制定创建标准，科学合理规划，开展农村危旧房改造等项目建设，着力改善村容村貌，全面完善配套设施，提升农民居住条件，构建舒适的农村生态人居体系，创造生态优美的人居环境，建成布局合理、设施配套、环境优美、生态良好的美丽乡村。

（1）改善村容村貌

着力抓好以村庄环境整治为目的的道路硬化、村容净化、家庭美化、四旁绿化、居室亮化“五化”工程和改炕、改水、改灶、改厕、改圈“五改”工程，推进农村危旧房屋改造和墙体立面整治，打造“青瓦、白墙、斜屋顶”的具有康县特色的房屋风貌。

（2）完善配套设施

实施通路、通水、通电、通有线电视、通宽带网络的“五通”工程，达到给水、排水系统完善，管网布局合理，饮用自来水符合国家饮用水卫生标准，入户率达 100%；主干道和公共场所路灯安装率达到 95% 以上；配套建设村级组织活动室、农民科技学校、农家书屋、五保家园、健身休闲活动广场、便民小超市、村级医疗卫生室、村史馆，建成融村级组织办公、党员活动、群众文化活动、电子商务室等服务内容为一体的农村综合服务中心、村民休闲广场、文化墙，方便群众生产生活，提高群众生活质量。

（3）打造休闲景观

对通村主干道以及村内通社、通户道路的主要出入口、村内公共地段及河道，整体开展既特色鲜明，又朴素自然，与周边环境融为一体，体现当地历史、民俗文化特色的景观风貌设计塑造，景观塑造体现当地自然和人文特色。

（4）实施绿化美化

根据各村特色，扎实开展“治脏变绿、见缝插绿、破墙透绿、拆旧补绿”等绿化美化工作；采取新造、补植、封育等措施对村庄道路、空地进行绿化美化，打造村内生态景观带，提高生态效益和景观效果，村民居住区绿化覆盖率达到30%以上。

2. 生态环境提升行动

按照“村容整洁环境美”的要求，实施“生态环境提升行动”。以突出治理乱堆乱放、乱修乱建、乱采乱挖、乱砍乱伐、乱贴乱画“五乱”为重点，扩大村庄整治工程的建设面，提升建设水平，构建优美的农村生态环境体系。

（1）整治村内环境

全面实施村有垃圾场、社有垃圾池、户有垃圾箱、农机专用房和柴草有棚、人有厕、畜有圈“六有” 工程建设，拆除残垣断壁和危破房屋，清除柴草堆、土堆、粪堆，彻底整治村庄环境。

（2）整治生活垃圾

全面推进“户集、社收、村运” 的垃圾集中处理模式，合理设置垃圾收集点、中转站、处理场，做到户有垃圾桶，自然村有垃圾收集池，行政村有垃圾填埋场，确保乡村环境清洁。

（3）整治生活污水

全面实施改厕工程，推行无害化卫生厕所，每村至少建造一座以上卫生公厕，清除农村露天粪坑、简易茅厕、废杂间，整治和规范生活污水排放，大力推广农村户用沼气建设，利用沼气池、生物氧化池、人工湿地等方式，开展农村污水处理，提高水体自我净化能力。

（4）整治畜禽污染

根据村庄特点合理规划，整治村庄死畜禽乱丢溪、河现象，动员群众填埋。拆除污染环境的猪舍、牛羊栏棚等设施，村庄内畜禽养殖户实行人居与畜禽饲养分开、生产区与生活区分离，畜禽养殖场全面配套建立沼气工程，达到畜禽粪便无害化处理。

（5）整治违章搭建

按照“谁建造、谁所有、谁清理”的原则，拆除违章、乱搭乱建的建筑物，对废弃场所进行整治、复绿，建设村庄绿地休闲小公园；整治农村供电、网络、电视电话线路乱拉乱接问题，规范网络、线路的布局，促进村庄规范、整洁、美观。

（6）整治广告路牌

按照“规范、安全、美观”的要求，对道路、河道及村庄公共视野范围内的广告牌、路牌进行清理，拆除有碍景观、未经审批或手续不完备的广告牌；制定广告布点控制性规划，规范各种交通警示标志、旅游标识标志、宣传牌等广告、标识。

3. 生态经济推进行动

按照“创业增收生活美”的要求，实施“生态经济推进行动”。因地制宜编制村庄产业发展规划，转变农村经济发展方式，大力发展绿色、环保、无污染的绿色农业，积极发展乡村旅游业、乡村生态农产品加工业，促进农民创业就业，增加农民收入，构建高效的农村生态产业体系。实现“村有增收产业、户有增收项目、人有增收计划”。

（1）发展乡村生态农业

深入推进现代农业，推广种、养结合等新型农作制度，大力发展绿色环保高效农业，扩大无公害农产品、绿色食品、有机食品生产；着力培育具有地方特色的“名、特、优、新”产品，推进“一村一品”的生态农业。依托富集的农特资源，大力发展核桃、蚕桑、茶叶、花椒、中药材、畜牧养殖、大鲵特种养殖、食用菌等增收致富产业，致力打造一批生态农业专业村，增强农业特色主导产业的示范带动作用。全面开展经济林全覆盖综合管理，以管理促特色产业提质增效，增加群众收入。利用全县改革到户的林地和撂荒土地，积极推行“林牧、林菌、林药、林菜”等多种林下经济发展模式，出台林下经济发展规划，不断探索土地流转和林权流转的机制办法，大力发展农业协会和专业合作组织，通过转包、出租、互换、转让等形式流转土地承包经营权，推动特色产业向规模化、集约化、产业化发展。大力发展电子商务和政务微博，充分依托电子商务和政务微博等现代传媒手段，组建电子商务协会和客户服务中心。

（2）发展乡村生态旅游业

把美丽乡村建设与发展乡村旅游结合起来，产业围绕旅游调结构、交通围绕旅游保畅通、城建围绕旅游提品位、林业水利围绕旅游造景观、文化围绕旅游树精品、宣传围绕旅游造声势。围绕建设生态旅游大景区和“一轴、两线、三片、八区”的旅游产业发展空间布局，把乡村旅游产业开发与康县民俗文化、自然资源、特色产业结合起来。在康北重点发展以名胜古迹、红色文化为重点的乡村文化旅游；在康南发展以自然生态和山水景观为重点的乡村生态民俗旅游；在康中将传统的农耕逐步引向农业观光、农事体验、特色农庄、农情民舍等附加值高的乡村休闲旅游发展。利用现有核桃园、茶园、桑园等农业基地建设核桃产业公园、蚕桑观光园、茶博园等特色生态公园，努力做到“乡乡有特色，村村有美景”，打造百里生态旅游风情线，形成南北中紧密相连的生态旅游大景区，打造西北休闲旅游目的地。

4. 生态文明创建行动

按照“乡风文明素质美”的要求，实施“生态文明创建行动”。以提高农民群众生态文明素养，形成农村生态文明新风尚为目标，加强文明知识的普及教育，增强村民的可持续发展观念，构建和谐的农村生态文化体系。

（1）培育特色文化村

充分发掘和保护古村落、古民居、古建筑、古树名木和民俗文化等历史文化遗迹遗存，优化美化村庄人居环境，把历史文化底蕴深厚的传统村落培育成传统文明和现代文明有机结合的特色文化村。挖掘传统农耕文化、山水文化、人居文化中丰富的生态思想，把特色文化村打造成为弘扬农村生态文化的重要基地。

（2）加强宣传教育

利用村级组织活动室和有特色的农户空闲旧民宅建设村史馆、民俗馆等群众教育基地，充分展示村庄发展的巨大变化，宣传党的好政策，增强群众的感恩意识；利用一切文化阵地和各类宣传工具，大张旗鼓地开展形式多样的生态文明、生育文化知识宣传，形成农村生态文明新风尚。

（3）培育文明新风

在美丽乡村建设中，农村环境改变后，如何有效实现农民群众的思想观念、生产生活方式、行为习惯、发展意识、创业活力，以及内生动力的改变？县、乡、村各级组织都在思考和探索。王坝乡提出了“小手拉大手”[①]活动，引导农村群众进一步提升思想道德水平，树立良好的卫生习惯和新风正气，形成邻里和睦、农村和谐的良好局面。望关乡寨子村开展了“五争五评”活动，经过一年多时间，彻底改变了村民的行为习惯，取得了很好的成效。在认真总结这些经验的基础上，康县在全县农村全面开展了以“小手拉大手、创建文明户”活动、“四新竞赛”[②]活动，以及“六争六评”[③]活动，极大调动了群众投身美丽乡村建设的热情。活动开展几年来，村容村貌发生了巨大变化，群众思想观念、生活方式、精神风貌焕然一新，提高了农村社会管理水平，并创新了群众自我约束、自我教育、自我管理、自我发展的新模式，促进了“人”的现代化，推进了“物”的新农村和“人”的新农村同步发展，农村各项工作迈上了新的台阶，取得了良好的社会效应。

（4）转变生活方式

开展农村乡风文明评议，创建群众性生态文明，引导农民追求科学、健康、文明、低碳的生产生活和行为方式，倡导生态殡葬文化，对公路沿线100米视野范围内和村庄空地采取绿化覆盖等措施进行整治改造，恢复公路和村庄周围自然生态景观。

（5）促进乡村和谐

全面推行村务公开制度，积极推行以村级党组织为核心和民主

① “小手拉大手”是由家中的小学生通过老师讲解和对农村社会发展的认知，知道了改变生产生活方式、提高思想观念、增强发展意识等方面的知识，向家长提出要求，督促家长改变陈旧陋习，提醒家长改变生产生活习惯，动员家长创业增收。

② “四新”具体指创建新农村、培育新农民、树立新风尚、塑造新形象。“四新竞赛”活动由陇南市委、市政府于2012年发起，在全市范围开展。

③ “六争六评”具体指争做和评选孝敬父母好儿媳、勤劳致富好家庭、新农村建设带头人、环境卫生模范户、遵纪守法光荣户、邻里和睦文明户。

选举法制化、民主决策程序化、民主管理规范化、民主监督制度化为内容的农村“四化一核心”工作机制，合理调节农村利益关系，有序引导农民合理诉求，有效化解农村矛盾纠纷，维护农村社会和谐稳定。

5. 长效管理落实行动

按照“监督管理服务美”的要求，实施“长效管理落实行动”。制定美丽乡村管理办法，明确管理责任，落实管护资金，建立起一套农村公共服务设施管护及环境卫生管理的长效机制。

（1）以管护机制来规范村民行为

政府组织引导加强管理。康县坚持建管并重，采取边建设、边管理的办法，在政府主导下，全县乡村两级都制定了《乡规民约》《村规民约》《村内环境卫生管理制度》等各项长效管理制度，对村民在环境卫生方面的责任和义务作了明确规定，建立了卫生管理、环保治理及垃圾处理制度，对村民行为进行规范。

（2）以评比来加强村民自主管理

各村普遍都成立了由乡里的驻村干部、村两委成员、村民代表组成的卫生评比小组，部分村还成立了环境卫生理事会，由群众自主管理，不断巩固建设成果。推行了“一日五问”警示，制定了环境卫生评比标准，定期或不定期对农户家庭内、房前屋后“三乱”和所承担清扫的公共地段卫生进行检查评比，设立了“环境卫生评比公示栏”，评比结果在村头公示栏公开，定期公布每个家庭卫生状况的检查结果。

（3）以项目支撑来加强公益管理

县里为每村安排村级公益设施运行维护机制试点经费 3 万元，用于村内保洁和公共设施维护，有的村从低保户中选出了村级保洁员，定期打扫环境卫生，保洁员工资从专项经费中支出，钱虽然不多，却达到了双赢的目的。村规民约、环境卫生日常管理和评比监督机制的结合，基本杜绝了乱堆乱放、乱修乱建、乱停乱摆、乱涂乱画、乱扔乱倒等“五乱”现象。全县农村环境卫生情况得到显著改善。

（4）以经营来促进环境卫生改善

教育群众树立青山绿水就是金山银山的环保理念，把“生态产业化、产业生态化”贯穿于美丽乡村建设的全过程，努力在做强乡村旅游、做优生态环境上下功夫，把发展乡村旅游作为主攻方向，打山水牌、走生态路，全力建设生态旅游大景区，鼓励群众充分运用美丽乡村建设成果大力发展农家乐及农家客栈，经营美丽乡村，让农村因环境而美、让群众因生态而富，使他们感受到干净整洁、优美的生态环境是一种财富资源，转变群众落后的环境卫生生活习惯和思想观念，以乡村旅游产业的发展促进美丽乡村环境卫生的长效管理。

6. 基层组织建设行动

按照“基层组织保障美”的要求，实施“基层组织建设行动”。坚持四个并重，有效破解基层组织不愿干、不会干、干不好的问题，全力打造有人干、有规干、有钱干、有劲干的“四有型”基层组织，极大地激发了基层组织在美丽乡村建设中的活力。

（1）坚持服务与管理并重，确保基层组织有规干

21 世纪以来，随着农村税费改革后催缴税费工作任务的退出，农村基层工作出现了两种情况，一方面因工作任务减轻，村干部大多数时间无所事事；另一方面村内基础设施落后、环境卫生脏乱差等，这些问题无人问、无人管。为改变这一现状，不断增强基层组织的

凝聚力，着眼于解决村级组织和干部发展思路不清、方向不明、干事无规划等突出问题，康县在重点任务落实中积极为乡村干部干事、创业创设载体搭建平台，保障基层党组织按规行事、依规干事。

一是搭建了干事创业的平台。美丽乡村建设让一度清闲了的基层一线村干部干起了能体现自身价值的事儿，广大基层干部在美丽乡村建设第一线找到了基层组织工作的切入点，积极发挥了核心引领作用，组织带领广大党员群众硬化道路，铺设自来水管，改造危旧房，组建环卫队，开展环境卫生大扫除活动，不仅重新赢得了老百姓的信任，也有了实实在在的成就感。

二是完善了服务的机制。美丽乡村建设量大面宽，涉及物资资金的分配，群众关注度高。为了把好事办好、让群众满意，康县在乡、村两级深化推行了“3+5”服务群众工作法和“一诺、三评、三公开、一考核”工作机制，畅通了为民办事渠道，规范了乡村组织议事、办事程序；实行民事办理首问责任、限时办结、明确告知、责任追究、民事代办制度和村干部轮流坐班制度，方便服务群众办事。近年来，乡村两级组织运用“3+5”服务群众工作法民主议事2650余件，乡村干部承诺为民办事3890余件，践诺率达96%，没有因为美丽乡村建设而发生一起上访事件。

三是开展了岗位职责的合理设定。美丽乡村建设，广大群众既是建设者，也是最终受益者，而共产党员则是美丽乡村建设的先锋队。康县各村党支部根据无职党员的特点、特长、爱好和能力素质，结合具体工作需要，分别设置了政策宣传、矛盾调处、治安维护、村务监督、卫生监督和技术服务等岗位，明确岗位职责，细化落实措施，推行星级动态管理和末位淘汰机制，切实调动了农村党员的积极性，充分发挥了先锋模范作用。在美丽乡村建设中，全县累计有3820名普通党员参与无职（务）党员设岗定责活动，带头承担美丽乡村建设任务。无职（务）党员中的能工巧匠在实施危房改造、道路硬化、地基处理、沟道砌筑过程中坚持就地取材，废旧瓦片、河道碎石、树枝竹片等材料都被充分利用，变成村庄建设的美丽点缀。正是有了他们的积极带头和献智出力，康县美丽乡村建设才做到了“不砍一棵树、不埋一眼泉、不毁一株草、不挪一颗石”，不仅保护了环境，而且节约了大量资金。

四是着力做好“四个规划”，进一步明确发展思路。“四个规划”，即做好城乡一体发展规划，强化城乡一体化规划、一体化发展、一体化建设的理念，在谋划发展、进行建设、出台政策中，通盘考虑，统筹兼顾，促进以城带乡，协调发展；做好美丽乡村建设规划，坚持规划先行，遵循生态旅游型、古村修复型、产业培育型、环境改善型、文化服务型等规划理念，充分发挥基层党组织和党员干部在建设中的主体带动作用，主动作为，模范带头；做好富民产业培养规划，坚持推进精准扶贫与转变贫困区域农业发展方式深度融合，配套落实相关优惠政策，建立健全服务体系，注重培育和扶持发展特色产业和特色产品，推进农业适度规模经营，在提高农产品质量、增加产品附加值上下大功夫，大力培育村级支柱产业，千方百计增加农民收入；做好乡村旅游发展规划，统筹规划发展大旅游，产业围绕旅游调结构，交通围绕旅游保畅通，城建围绕旅游提品位，林业水利围绕旅游造景观，文化围绕旅游树精品，宣传围绕旅游造声势，全县围绕旅游聚活力，推动乡村旅游健康持续发展，有力带动农村群众增收致富。

（2）坚持选拔与培养并重，确保基层组织有人干

村干部是农村发展的领头雁，是美丽乡村建设的第一责任人。

建设美丽乡村，必须选优配强扎根农村、群众信赖以及想干事、能干事、会干事、干成事的村干部，打造素质优良、作风过硬的基层组织。

一是注重选优配强村级班子。栽得梧桐树，引得凤凰来。长期以来，农村的贫穷落后使大部分青年长期在外务工，农村选不出优秀的当家人。美丽乡村建设，让一大批亲身感受到家乡巨大变化，看好农村发展潜力，带富能力强，又关心家乡发展的优秀青年回到了家乡，通过“两推一选”，当选为村干部，村级班子整体水平有了较大提高。平洛镇团庄村的龙义平是村上的“能人”，组建工程队长年在外务工，看到家乡新变化和全县兴起的乡村旅游热潮，决定不再过外出漂泊的生活，毅然回家担任村党支部书记，和乡亲们一起开办农家客栈。同时，县委每年把美丽乡村建设与集中整顿软弱涣散村班子相结合，制定软弱涣散村班子集中整顿方案，通过“帮、派、带、改”等措施，给这些后进村安排实施美丽乡村建设，在美丽乡村建设中整改问题、落实措施和转化提高。近三年来，结合美丽乡村建设集中整顿软弱涣散村班子 64 个，涌现出了望关乡沈湾村、王坝乡何家庄村等一批后进转先进的典型。

二是注重加强后备干部培养。村级后备干部是村干部的后备军，也是美丽乡村建设的主力军。在村级组织建设中，乡村组织注重把复退军人、回乡青年、优秀妇女、务工经商者安排在美丽乡村建设任务落实中进行锻炼，择优确定村干部后备队伍，为有人积极争当村干部、全力建设美丽乡村打下了良好基础。村班子后备干部实行台账管理，每名后备干部都建有工作实绩台账。截至目前，各村培养后备干部 3~5 名，各乡镇均建立和充实了村干部后备干部管理信息库。同时，县委注重遴选下派县直单位优秀年轻后备干部，担任美丽乡村建设、精准扶贫工作指导员和村支部第一书记，在重点工作任务实践第一线进行锻炼，近年来，先后四次下派到村任职干部114人。

三是注重强化干部教育培训。每年分不同层次、不同类型举办村干部专题培训班，不断提升村干部能力水平。县委每年出台村干部培训教育工作意见，整合各类资源，采取课堂上听、走出去看的方式，组织村干部到全县美丽乡村建设重点村进行实地观摩，村与村之间相互学习、相互借鉴、相互赶超。仅2015年，县乡联动举办乡村干部专题教育培训班70期，集中培训村干部就达3960人次。

（3）坚持输血与造血并重，确保基层组织有钱干

康县是国家扶贫开发工作重点县，自身财力紧张，村级集体经济积累严重不足，农村发展缓慢，群众诉求得不到及时解决，群众对村干部意见大，美丽乡村建设较好地解决了村干部无钱给群众办事的困境。

一是统筹各类涉农资金。康县按照“多个渠道进水，一个龙头出水” 的整合项目资金办法和“各炒一盘菜、共办一桌席”的工作方法，近三年来，每年整合各类涉农资金1.4亿元，群众自筹3亿元，对全县350个村统一规划，按照生态旅游型、古村修复型、产业培育型、环境改善型、社区管理型等不同类型，合力推进美丽乡村建设。“出门靠走、通信靠吼、看门靠狗、吃水靠挑”已成为留在康县农村各村村史馆图片中永久的记忆。过去，王坝乡大水沟村离省道近在咫尺却没路走，住在河边却没自来水吃，村民住着高大黑空和阴暗潮湿的土房子。通过整合项目，县上投入资金400余万元，建起了连城里人都羡慕的美丽乡村，在“寻梦·2015最美中国村镇”第一轮投票评选中以第三名的好成绩入围，并最终获得文化遗产奖，每天

吸引着来自全国各地的游客前来体验乡村生活。村子变了，群众的观念也变了，群众与村干部的心贴得更近了。

二是深化双联结对帮扶。康县紧抓省市“双联”行动机遇，始终把“双联”工作与精准扶贫工作相结合，借力“双联”单位的资源优势，积极争取落实各类帮扶项目，着力解决“双联”村美丽乡村建设道路硬化、广场修建、产业发展等无资金支持的难题，持续推进美丽乡村建设，为推动精准扶贫和精准脱贫奠定了基础。2014年以来，省市“双联”单位为各“双联”村落实项目120多个，办理实事918项(件)，累计资金投入达1890余万元。

三是全面落实工作经费。县财政及时按标准足额落实乡村组织办公经费，始终做到不挤占、不挪用，2015年县级财政按每村1万元的党建经费标准纳入财政预算，并按照每村每年不少于2万元的工作经费，及时分批进行落实，确保乡村组织正常运转。为解决村级组织议事场所的问题，县上每年筹措资金，对村级组织场所进行新建和改扩建，2012年以来县级财政投入980万元，新建村级组织活动场所35个，建筑总面积4650平方米，改建村级组织活动场所56个，并及时调整了村级组织活动场所功能定位，由原来单一的议事场所升级为议事场所、宣传政策、教育培训、议事决策、便民服务、文化活动“六个中心”，提升了村级活动场所综合服务效益。

四是着力壮大村级积累。发展富民产业是带领群众精准脱贫和增收致富的主要举措，也是破解村级集体积累“空壳”的有效途径，美丽乡村建设为破解这一难题提供了机会。有条件的村组建起了由村集体和村民混合投资的乡村旅游、食用菌种植等公司，在带领群众共同致富的同时，也增加了村级集体收入。城关镇凤凰谷村坐落在幽静的凤凰山脚下，2015年初在“双联”部门和富民产业留人项目的支持下，村集体入股10万元、22户村民入股18万元，组建了乡村旅游休闲度假公司，4月投入运营以来，每月收入在15万元左右，年底村级集体可分红20万元左右。有了钱，村干部开始谋划今后如何更好地为村民办实事、办好事。

（4）坚持激励与约束并重，确保基层组织有劲干

干部使用导向问题十分重要，事关干部队伍的整体活力，事关美丽乡村建设、精准扶贫等重点工作任务的顺利推进。县委坚持“让有为者有位”和“干与不干不一样、干好干坏不一样”的原则，实行奖优罚劣机制，不断培树典型、弘扬正气，形成了正确的干事创业和用人导向，让乡村干部干事有劲头、有奔头，有效解决了乡村干部干事活力不足的问题，为美丽乡村建设、精准扶贫开发提供了有力的组织保障。

一是凭实绩用干部。县委始终坚持在美丽乡村建设和精准扶贫工作一线锻炼干部、识别干部、选用干部。近三年来，县委提拔重用美丽乡村建设中表现优秀的基层干部68人，占乡镇提拔干部总人数的78%；提拔县直单位下派任职优秀干部72人，占下派任职干部总人数的63%；有6名在美丽乡村建设中表现突出的村干部被推荐参加考试录用为基层国家工作人员。

二是落实奖励措施。县委注重在美丽乡村建设和精准扶贫工作一线挖掘和总结先进典型，通过电视、网站、微信和微博及时宣传和推广典型事迹，带动广大党员群众全面推动重点任务的落实；注重表彰奖励美丽乡村建设和精准扶贫工作中涌现出的先进组织和优秀个人，近年来县委遴选表彰先进基层党组织108个、优秀共产党员156人、优秀村支部书记63人、优秀乡镇干部54人，结合美丽乡村建设表彰“六争六评”先进人物368人，发放奖励资金68万元。

三是夯实工作责任。每年年初县委以一号文件对全县美丽乡村建设进行安排部署，签订目标责任书，靠实工作责任，狠抓任务落实，分年中、年末两次对全县美丽乡村建设进行现场观摩和检查评比，评比结果和乡村干部选拔任用、年终考核、报酬发放挂钩，在全县形成了你追我赶、竞相发展、争创一流的良好局面。

（二）全力破解系列发展难题

1. 统一干部思想认识，转变干部工作作风

美丽乡村建设，各级干部是主要的组织者和推动者。因此，必须要打造一支作风过硬、素质优良的干部队伍，而干部队伍建设的关键又在于解放思想、转变观念、统一认识。要将干部队伍，尤其是县及以上各级领导部门干部队伍的思想认识统一到美丽乡村建设上来，对于很多地方来说，的确不是一件容易的事，甚至可能会阻力重重，这需要决策者具有极大的政治魄力、极强的意志力、坚忍不拔的毅力和无私无畏的干事创业精神。康县的基本做法是：

（1）在考察学习和大讨论中转变思想观念，提高思想认识

2009 年，在基本完成灾后重建任务之后，为了巩固提升灾后重建成果，康县先后分别由县委、县政府主要领导带队，组织县委、县政府领导班子成员，法、检两院，各乡镇党委书记、乡镇长和县直各单位主要负责人共 116 人，分两期赴深圳和浙江安吉进行以“解放思想，提升能力，加快发展”为主题的考察学习，学习安吉创建中国美丽乡村的经验。考察学习活动结束后，为切实把学习考察成果转化运用到工作中，在全县上下开展了以“学习安吉经验、加快康县科学发展”为主要内容的专题培训班，邀请专家举办专题报告

会，组织开展解放思想、转变观念的大讨论活动，及时把学习考察的收获转化为加快发展的新理念、新思路和实际行动，在反复学习讨论的基础上，党政班子成员深刻认识到康县开展美丽乡村建设的必要性，并在建什么样的美丽乡村、怎么建设美丽乡村、谁来设计美丽乡村、谁来建设美丽乡村、美丽乡村建设钱从哪里来、怎么管理美丽乡村、谁来管理美丽乡村、怎么经营美丽乡村等一系列具体问题上逐步形成思想共识，确定在全县开展美丽乡村建设的总体思路。2012 年康县又组织县上四大班子领导、各乡镇党委书记和乡镇长、县直各单位主要负责人，赴和康县基本条件相近的重庆、贵州、四川相关县区，陕西太白县、眉县、扶风县、岐山县、凤县等相关县区和本省内的武都、文县、两当县、徽县、成县、礼县、西和县等兄弟县进行学习考察，学习借鉴外地和周边县区的先进经验，使全县基层干部身临其境地感受外地农村发生的巨大变化，进一步开阔眼界、创新思维，推动全县美丽乡村建设工作再上新的台阶、新的水平。

（2）在教育培训研讨中转变思想观念，提高思想认识

康县每年定期举办美丽乡村建设乡村干部专题培训班，从建设美丽乡村的重大意义、建设理念、目标任务、建设内容、建设原则、建设措施等方面对乡村干部开展全方位的学习培训，专题研讨美丽乡村建设工作，切实转变乡村干部的思想观念，统一干部的思想认识，使其充分认识到美丽乡村建设不仅是最大的民生工程，同时也是全县工作的总抓手。从而动员广大干部积极投身于美丽乡村建设，克服工作阻力，凝聚工作共识，主动承担美丽乡村建设责任。

（3）在工作责任和任务落实中转变思想观念，提高思想认识

为了统筹协调各方面力量，康县确定了“党委统领、政府落实、

群众主体、干部包抓、部门帮建”的工作方式和方法，成立了由县委书记任组长，人大、政府、政协主要领导任副组长，四大班子领导和县直相关单位负责人为成员的领导小组，下设了办公室，严格落实“一把手”负责制和县级领导干部包乡包村工作责任制，在全县形成了主要领导负总责、分管领导全力抓、乡镇和县直相关单位具体落实的工作格局，做到了领导到位、责任到位、措施到位。靠实了责任，形成了抓工作落实的合力，统一了建设美丽乡村、加快农村经济社会跨越发展的思想共识。对每个美丽乡村创建村确定包抓的县级领导、帮建单位及责任人、驻村联络员、协调指导员，乡镇也确定包抓领导和直接责任人，对建设任务具体逐项包抓到每位乡村干部身上，任务、时限、责任三落实，制定具体的工作制度，并严格落实，全面推行“一诺、三评、三公开”工作法，健全基层民主。严明工作纪律，强化督查考核，做到定期督查与临时抽查相结合，全面掌握工作进度，并按期通报，确保各项建设任务圆满完成，通过建设任务的严格落实，提高了美丽乡村建设的积极性，有力促进了乡村干部工作作风的转变。

（4）在检查评比奖优罚劣中促进干部提高思想认识、转变工作作风

在美丽乡村建设的过程中，一方面通过组织乡与乡、村与村之间进行相互考察以开阔思路、取长补短，在对他人和自己的美丽乡村建设有了客观评价的基础上，激发美丽乡村建设的工作压力和动力，形成乡乡村村都争着干、抢着干、比着干、偷着干、帮着干的局面，增强了美丽乡村建设的积极性。另一方面通过每年召开一次有县上四大班子领导副县级以上领导、县直各部门主要负责人、各乡镇党政主要负责人参加的全县美丽乡村建设检查观摩评比、全县通报等

形式，让包抓领导、帮建部门、乡镇党委书记、乡镇长坐在一起，谁干不好就觉得没面子、有压力，促进了美丽乡村建设的积极性。同时，采取“以奖代补”“一事一议”的办法和措施，对经考核验收达到创建标准的精品村和示范村，实行挂牌管理，给予资金奖励，大干大支持、小干小支持、不干不支持。对美丽乡村建设中涌现出的工作能力强、有责任心、吃苦耐劳的基层干部优先评选先进、优先提拔任用，极大地提高了全县各级干部参与美丽乡村建设的热情和干事创业的积极性。

（5）在健全机制从严管理中促进干部提高思想认识、转变工作作风

一方面，制定出台美丽乡村考核办法《康县生态文明新农村建设工作考核办法》和《康县生态文明新农村建设验收及奖励（暂行）办法》，建立健全建设管理机制和考核办法体系，围绕美丽乡村建设目标要求，建立干部干事创业的正确导向机制，营造基层干部“想干事、能干事”的环境氛围，引导干部观念逐渐转变并积极主动发挥作用。另一方面，制定出台了《康县生态文明新农村挂牌管理暂行办法》，对挂牌管理的美丽乡村实行三年复核一次，采取动态管理的办法。对经考核达不到标准要求的精品村降为示范村、示范村降为达标村、达标村取消创建资格，进行必要的处罚，并追究相关责任人的责任，让基层干部变压力为动力，自觉投身到美丽乡村创建活动中。

2. 激发群众内生动力，发挥群众主体作用

美丽乡村建设群众是主体，是最大的受益者，没有广大群众的自觉参与，建设美丽乡村将是一句空话。如何有效调动群众的积极性，这是摆在各级政府面前的一道难题。

在美丽乡村建设过程中，康县采取多种方式充分发动群众，充分发挥他们主人翁的责任感，使他们积极主动地参与到美丽乡村建设中来，主动筹资投劳，参与所需要承担建设任务的危旧房屋维修加固、农户庭院改造、圈厕改造等涉及农户家庭建设等每一项建设中来，转变群众传统落实后的思想观念，有效破解了农村社会管理中的深层次矛盾和突出问题，极大地激发了群众投身于美丽乡村建设活动的内生动力，并发挥了主体作用，取得了显著的成效。

（1）培育典型

在美丽乡村建设活动开展初期，为使群众切实感受到美丽乡村建设带来的最大收益，率先在全县范围内选择一批群众思想观念先进、建设意愿强烈、建设积极性高、经济基础等各方面条件都较好的村率先开展美丽乡村建设试点，通过在试点村全面实施村庄环境整治、基础设施建设、危旧房屋改造、村庄绿化美化、公共服务设施等方面的建设，使试点村村庄环境面貌和生产生活条件发生了巨大变化。通过产业配套建设，使他们的收入明显增加，生活富裕，群众生活的幸福感明显增强，幸福指数明显提升。人居环境的改善彻底改变了农村群众环境卫生习惯和生活方式，加之通过村社在群众中定期开展的环境卫生检查评比活动“小手拉大手”（小学生督促家长的环境卫生习惯的改变）等一系列长效管理落实措施的推动下，农村群众过去形成的不良生活习惯得到了明显改变，生产生活方式逐渐发生了较大变化。同时，深入开展了“四新竞赛”“六争六评”、文明村社、五星级文明户创建等一系列文明新风培育活动，在全县广大农村营造出群众比着讲卫生、人人争先进、个个讲文明的好风气，文明和谐程度明显提高。对这些已建成的美丽乡村试点村在全县加大宣传，使群众家喻户晓，人人皆知，通过这些美丽乡村建设典型的示范引领，使全县农村群众产生对建设美丽乡村的强烈向往，在舆论氛围上影响群众转变思想观念，积极争取美丽乡村项日建设。

（2）教育感化

在美丽乡村建设启动前，各乡镇组织美丽乡村建设项目村村社干部和党员及群众代表到已建成的美丽乡村示范村参观考察，学习建设和长效管理的经验。通过实地学习，身临其境地感受兄弟村美丽乡村建设发生的巨大变化，与此同时，还组织召开座谈会，让已建成美丽乡村干部和群众现身说法，谈建设的经过和感受、谈变化，使其他村干部和群众在心灵和思想上受到触动和启发，认同美丽乡村建设，从内心深处产生争取美丽乡村建设的愿望，进而宣传教育引导本村其他群众从思想上认同并在行动上积极参与美丽乡村建设，转变思想观念，改变不良的环境卫生和生活习惯，做美丽乡村建设的主人。

（3）参与建设

在美丽乡村建设中，通过多次召开村社群众大会，大力宣传美丽乡村建设的重大意义、目标任务，倾听群众的意愿，了解群众的需求，听取群众的意见，与群众共同讨论确定建设规划和建设项目，商讨解决美丽乡村建设中存在的问题，使群众积极主动地参与到美丽乡村的每一项建设工作中来，按时完成各自承担的建设任务，通过以主人翁的地位来参与美丽乡村每一项建设工作来转变群众的思想观念。同时，还与群众一起讨论制定环境卫生长效管理办法和村规民约，采取划段包干的办法清洁村内环境卫生，并成立长效管理检查评比理事会，定期开展检查评比工作，张榜公示，奖优罚懒，督促整改办法，通过检查评比，共同管理村内环境卫生，共同维护公共设施，以管理来改变群众的不良卫生习惯和思想观念。

（4）公开促进

在美丽乡村建设中，对每个美丽乡村建设项目村确定的建设规划、建设类型、建设标准、建设内容、建设办法、工程量、补助标准、资金投入、筹资投劳等情况及时在村内进行公示，自觉接受群众监督，让群众参与所有项目的决策和实施，全程接受群众监督，实行公平公正、阳光透明的操作。全面落实“3+5”工作法和“一诺、三评、三公开、一考核”工作法，美丽乡村建设的公开在先、议事扎实、监督可信、结果透明，规范了村级班子领导和服务行为，落实了群众在村级事务管理中的知情权、参与权、监督权，让群众服气，还干部清白，增强了村级班子的吸引力，提高了信任度。由于执行政策的公开公正、工作程序的阳光透明，在美丽乡村建设中没有出现一起上访事件，群众对美丽乡村建设的满意度为 95% 以上，化解了村干部与群众之间的思想隔阂，改变了群众对乡村干部的看法，提升了村级组织的向心力和凝聚力，树立了乡村干部在群众中的威望和威信，提高了群众对美丽乡村建设的思想认识，增强了群众干事创业的热情。

（5）利益驱动

康县在美丽乡村建设中建立奖补激励机制，制定出台了美丽乡村建设奖励补助办法，对奖励补助标准公开、公正、透明，硬化院落、入户道路每两个平方米补助 1 袋水泥，一视同仁，阳光操作，对建成的美丽乡村和实施风貌改造的农户给予资金支持，极大地激发了广大群众建设美丽乡村的热情，广大群众不仅投工投劳投资实施了农村危旧房改造和房屋风貌改造，而且主动拆旧房子美化环境，让菜园子建各类广场，真正发挥了主体作用，形成了乡与乡、村与村、户与户之间争着干、抢着干、比着干，相互竞赛、竞相赶超的喜人局面。通过美丽乡村建设，改善了农村环境和群众生产生活条件，群众有了幸福感和获得感，积极盼着干、比着干、争着干，谁不干谁不光彩，成为村村议论的焦点，现在农村人找媳妇，首先看建没建美丽乡村，过去乡里人爱进城变成了现在城里人爱进村，许多外出打工挣钱的致富户，返乡建设新家园、创业创造新生活。有力促进了美丽乡村建设。

3. 整合建设项目资金，形成项目建设合力

美丽乡村建设需要大量的资金支持，作为国扶重点贫困县，康县破解建设资金短缺的办法是整合资源，通过以建设规划整合项目，用项目整合建设资金，最大限度地提高资金的利用效率。

为此，康县专门制定了《康县生态文明新农村建设项目资金筹集管理办法》。在全县“一盘棋”的指导思想下，把美丽乡村建设与灾后重建、扶贫开发、双联行动、农村环境整治紧密结合起来，在不改变资金用途和管理责任主体的前提下，按照“集中管理、分类申报、渠道不乱、用途不变、各记其功”的原则，把凡是用于农村建设的财政“一事一议”、扶贫、农业、林业、国土、水利、交通、文体、教育、卫生、环保等各类项目资金全部整合到美丽乡村建设上来。同时，积极从上级列项、财政“一事一议”、县级财政配套、扶贫整村推进、农村危旧房改造、单位帮建、村民自筹、能人大户捐建等多种渠道筹集资金。按照存量调整、增量集中的原则，整合性质相同、用途相近、来源不同的财政涉农资金，做到“多渠道进水、一个池子蓄水、一个龙头放水”，形成项目建设合力，“各炒一盘菜，共办一桌席”，集中财力共同推进美丽乡村建设。

美丽乡村建设项目资金的整合具体由县农办统筹，县直各部门密切配合共同完成，基本思路是先按规划整合项目，再按项目争取资金，根据项目建设进度统一分阶段拨付资金。具体流程大致如下：

第一步，县委农办提前在上年度中期充分征求全县21个乡镇意见，确定乡镇下年计划建设的美丽乡村项目村，并组织相关单位人员对拟建设项目村的人口、户数、自然环境、民俗、文化、群众建设的意愿、村内目前的村庄分布、环境状况等基本情况进行全面调研、考察，全面掌握各村美丽乡村建设的基础，根据各村的大小、人口、自然条件、文化基础、经济条件等因素确定建设类型和标准，初步审核确定下一年度美丽乡村建设项目村。

第二步，县规划局组织人员编制确定的项目村村庄建设规划设计，建设规划设计在充分征求乡村、群众等各方面的意见，反复修订完善后，评审审批建设规划。

第三步，乡镇组织人员按照村庄建设规划，与村社干部及群众一起逐项实地调查摸底，初步确定各美丽乡村建设项目村建设项目，经乡村两级会议研究审核后，报县委农办归类汇总。县委农办在整理汇总后，编制全县美丽乡村建设年度项目规划，报县美丽乡村建设领导小组审批。

第四步，县委农办根据美丽乡村建设领导小组审批的年度建设项目规划，安排具体的建设项目、投资额度以及建设责任单位，按各部门职能划分项目建设任务，各部门提前向省市积极争取各项目村本部门需要建设的项目。按照《康县生态文明新农村建设项目资金筹集管理办法》，对符合国家投资条件的通村道路修建硬化、河堤、桥梁、护坡、渠道、人畜饮水、圈厕、村级组织活动室、卫生室、五保家园、活动广场、公共厕所、健身器材以及产业开发等基础设施建设项目，由各项目主管部门牵头，乡镇、村社配合，积极争取通过列入国家和省、市投资计划解决建设资金。具体分工是：村内道路和巷道的维修、拓宽、硬化，村内小型桥涵、排水渠、护村护庄河提，谷坊、小规模挡墙、护坡，文化活动广场、文化活动室、村史展览馆，路灯、标示标牌、景观小品等公益设施项目由县财政局争取“一事一议”财政奖补资金解决建设资金；村内垃圾房、垃圾池、垃圾箱、垃圾车、环保公厕、污水处理、水源地保护以及村内绿化美化等建设项目由环保局争取国家乡村环境综合整治项目解决建设资金；村内农户危房改造、墙体亮化、庭院美化和圈厕改造、沼气池建设项目由住建局、扶贫办、农牧局负责筹集建设资金，并和乡镇共同负责项目实施；整片、整流域建设项目区，跨村以上且投资额度在100万元以上的道路、河堤、桥梁、滑坡治理由县发改委负责牵头，项目主管部门和实施单位配合争取建设资金并实施项目；项目村内的绿化和行道树栽植由县林业局负责筹集资金，落实树苗和草籽，并指导乡镇、项目村具体抓好项目实施；村级组织活动室、卫生室、文化活动室和文化体育活动设施由项目主管部门负责立项解决，不足部分由县财政安排资金进行配套。

第五步，县委农办通过发改局、财政局等相关渠道全面掌握县直各单位、各部门的年度专项资金申报情况，确定资金整合的项目范围、资金额度，统筹安排资金整合任务，以需求定项目，以项目定任务，通过项目建设任务全面统筹建设资金。能够争取落实到项目资金，并在同一年度、同一村内集中整合实施的项目，在投资渠道不变、用途不变、项目资金管理办法不变“三不变”的前提下，由各项目实施责任单位招标实施，“各炒一盘菜、共办一桌席”，项目资金拼盘使用，在同一年度全面改善同一个村的基础设施建设条件，以形成项目资金的建设合力效应，发挥最大化效益。对部门或单位无法用专项资金实施的项目，就安排用“村级公益事业建设‘一事一议’，财政奖补项目”实施，由乡镇指导项目村村委会组织实施。农户自建房屋、危旧房屋维修加固、农户庭院改造、圈厕改造等涉及农户家庭建设项目，以农户自建为主，县里从县级安排的专项资金中统一采购建设物资，给予适当补助。

第六步，县委农办根据项目村大小、项目实施的难易程度、工程量等确定县级包抓领导、县直帮建单位、帮建单位责任人和具体的帮建任务。

第七步，由县委农办编制美丽乡村建设年度实施方案，形成年度建设计划，确定落实措施，报县委、县政府分管领导和主管领导审核，征求县里四大班子领导、县直各单位、各部门意见，并经四大班子联席会议、政府常务会、县委常委扩大会审定通过后，以县委、县政府文件下发各单位、部门和乡镇全面实施落实。

康县在美丽乡村建设工作开展五年间，共计投入项目总资金12.8亿元，其中整合项目资金7.3亿元，县级财政配套0.92亿元，群众自筹4.6亿元（主要包括道路硬化、庭院改造、危旧房屋改造、新修房屋的自筹资金和投劳备料折资），撬动信贷资金2.6亿多元。

4. 严格控制建设规模，有效降低建设成本

在建设资源有限的情况下，如何最大限度地建设好美丽乡村，这是每一个贫困地区所面临的共同难题。康县在一手抓建设项目资金整合的同时，另一手抓建设规模和建设成本控制，走出了一条低成本、高效率、有特色的美丽乡村建设新路子。

康县坚持将成本控制贯穿到各重点村项目建设施工的全过程，

体现到每一个具体建设项目上。严格控制建设规模，严格按照审批的项目数、工程量和建设标准进行建设，不随意扩大或减少工程量，不随意提高或降低建设标准，确保建设任务保质保量完成。为此，在美丽乡村建设方案中做出了一系列具体规定：活动广场的建设要因地制宜，地面建筑材料以青石板、透水砖铺设为主，不采用大理石等高档石材，要充分利用石碾子、老器物、老农具等做装饰材料，选址要在村庄人口密集的位置，精品村、示范村建设面积要依次递减，精品村广场和绿化面积不超过1200平方米，示范村广场和绿化面积不超过600平方米；公厕一村一所，建在活动广场附近；庭院改造、房屋风貌改造要充分运用危旧房屋拆除的废旧木料，花园围墙要充分利用当地旧瓦旧砖、石子石片进行建设，护栏要充分运用树枝树皮、竹子藤蔓等本地建筑材料进行建设，突出特色、降低成本；文化墙建设要从严控制，原则上以治脏、治乱、绿化、美化为主，遮挡性质的文化墙要采取栽植高杆绿化树的办法来代替，如需建设的必须经美丽乡村建设领导小组办公室现场审定后按要求进行；在村庄绿化建设上，乡镇在组织专人制定出详细的绿化规划和苗木、种籽采购计划后报县林业局，由林业局统一集中采购，并指导实施绿化项目，绿化树种的选择一般以本地树种为主，广场周围、节点绿化可适当采购外地少量的绿化树种，康南一般以竹子、棕榈、栀子绿化树种为主，体现绿化特色，树比较多的村庄以绿化带和花园建设为主；对路灯等政府能统一采购的建设项目，由乡镇制定建设计划后，交由政府采购办统一采购；村内主干道路硬化由财政局用财政“一事一议”奖补项目资金统一实施建设，入户道路实行以奖代补的办法，按两个平方米面积补助1袋水泥的奖补标准，由农户自行实施建设，不足部分由农户通过备沙备料、投工投劳、自筹等办法解决。农户入户道路水泥的补助由村委会干部和驻村干部一起逐户进行丈量统计，按补助标准列出全村入户道路硬化水泥补助计划，并按“3+5”工作法要求进行公示无异议后，由乡镇提出水泥采购申请报告，并附农户入户道路硬化水泥补助花名册，经美丽乡村建设领导小组办公室核定后，由县财政局统一采购供给。项目建成后要由美丽乡村建设领导小组办公室组织验收，对验收中出现建设项目实际工程量与批复建设实施方案中计划工程量误差率超过5%的，按实际误差率扣减补助资金，对无规划设计、无实施方案、无批复文件的“三无”项目，不予验收。

5. 建立健全工作机制，永续推进美丽乡村建设

“一朝天子一朝臣，一届政府一个令。”多少年来，朝令夕改一直是困扰发展的一大顽疾。美丽乡村建设能否持续，是权宜之计还是长久之策，社会各界都在观察。老百姓最怕政策反复、怕来回折腾。美丽乡村建设如何才能保证政策上的持续？怎样才能有效避免折腾？康县用实际行动做出了回答。

在美丽乡村建设中，康县从县情实际出发，大胆探索创新，不断总结完善，形成了一整套科学完善的美丽乡村建设工作机制，凝聚了抓实见效的工作合力，确保了美丽乡村建设的永续推进。主要的工作机制包括：

（1）“一张蓝图绘到底、一届接着一届干”持续推进机制

从2009年完成灾后重建并转入美丽乡村建设以来，康县历届政府始终把美丽乡村建设当作全县工作的重中之重、农村工作的总抓手。科学编制了《康县美丽乡村建设总体规划》，制定了《康县生态文明新农村建设项目申报审批办法》《康县生态文明新农村建设

项目资金筹集管理办法》《康县生态文明新农村建设验收及奖励（暂行）办法》《康县生态文明新农村建设公益设施管护办法》《康县生态文明新农村建设工作考核办法》等一系列规章制度，全力为美丽乡村建设保驾护航。整个“十二五”时期，康县的所有工作都围绕着美丽乡村建设来安排，所有的建设资源都向美丽乡村建设来集中，县、乡、村各级党委及政府机构、全县所有干部和农民群众都不遗余力地把精力投入到美丽乡村建设上，扶贫开发行动、精准扶贫试点、城镇化建设试点、乡村舞台建设、农村精神文明建设甚至卫生县城的创建等重大专项工作也都与美丽乡村建设紧密地结合在一起。这期间，虽然经济大环境发生了变化，当地的机构有调整、干部有变动，但建设美丽乡村的工作不仅始终没有受到影响，并且推进过程还越来越顺利。持续推进美丽乡村建设已经成为康县上下的最大共识、当地人民群众的最大民意、康县发展的最大趋势。在已经开启的“十三五”时期，美丽乡村建设作为最重要的内容被写入康县的“十三五”发展规划，整县建成美丽乡村的愿望指日可待。

（2）“项目跟着规划走、资金跟着项目走”的规划引领机制

在资源有限的情况下，康县的美丽乡村建设创造性地采取了以规划整合项目、以项目整合资金的方式。从乡镇一级的美丽乡村建设项目村创建项目，到项目村内的水电路等基础设施项目、环境沟道桥梁治理项目、文化卫生敬老等公共服务项目、危旧房和庭院等农村风貌改造项目、古树名木保护项目，等等，所有的建设项目都需要编制相应的规划，坚持做到了没有规划不设计、没有设计不审批、没有审批不建设，充分发挥了规划的引领作用。

（3）“不撒胡椒面、不搞一刀切”的分类指导机制

一是严格项目申报审批。在美丽乡村建设项目审批上采取自下

而上的方式，层层审核把关。每年的美丽乡村建设项目实行村级申报、乡镇初审、领导小组审核、四大班子专题研究、县政府常务会和县委常委会审定。项目建设由县委农办牵头抓总，发改、财政、住建、交通、水务、农牧、林业、扶贫、文体、环保等部门和乡村分头实施，确保了美丽乡村项目建设的准确性和合理性。二是加强对项目的建设指导。从项目规划方案的编制、项目实施方案的编制，到项目具体施工建设、总结验收，以及后续管理等，县乡各级包点帮扶单位、项目业务归口管理单位都及时跟进，给予全过程的指导，确保了项目建设的顺利进行。

（4）“党委统一抓、书记全盘抓、成员分工抓、部门配合抓、基层具体抓”的责任落实机制

充分发挥县委统揽全局、协调各方的核心领导作用，确定了“党委集体决策、政府大力落实、县级领导包抓、县直部门帮建、村社农户主体”的工作思路，层层靠实建设责任。县上主要领导牵头抓总，四大班子每人每年各抓一个示范点，主要领导带头苦抓、四大班子齐动、县直部门实帮、乡镇村社大干，建立了主要领导亲自抓，分管领导具体抓，以乡镇党委、政府为主的工作推进机制，做到任务到人、到单位、到村社，一级抓一级，层层抓落实，形成了党群一体、干群一体、城乡一体、真抓实干的工作格局。

（5）“多个渠道进水、一个池子蓄水、一个龙头出水”的项目资源整合机制

在建设资金的筹措上，采取通过规划整合项目、通过项目整合资金的办法，积极从上级列项、财政奖补、扶贫整村推进、县级财政配套、社会捐助、单位帮建、村民自筹、能人大户捐建八个渠道筹集资金；按照“集中管理、分类申报、渠道不乱、用途不变、各

记其功”的原则，在符合各类项目资金管理办法的前提下，把凡是用于农村建设的农业、林业、扶贫、环保、交通、水利、住建等各类项目资金原则上全部整合到美丽乡村建设上来，建立了“多个管子进水、一个池子蓄水、一个龙头出水”的项目整合机制，着力解决了建设资金短缺的问题。

（6）“各炒一盘菜、共办一桌席”的部门协同配合机制

美丽乡村建设各项目主管部门，充分发挥各自部门行业职能优势，在符合项目管理规定的前提下，把各类农村建设项目向美丽乡村建设重点村倾斜，严格按照项目整合的有关规定要求和县委文件下达需部门列项实施的项目计划，积极争取美丽乡村各类建设项目，落实建设任务，高质量、高标准实施项目建设，有效地化解了建设资金短缺的问题。同时，通过实行县级领导包抓和部门“125”[①]帮扶工作责任制，把抓美丽乡村建设的责任靠实到领导、靠实到部门，把各项帮扶措施落实到村、到户，使领导、部门有责任，创新了包抓工作机制，有力促进了美丽乡村建设；在千方百计加大政府投入的基础上，鼓励企业、能人大户捐资捐物；通过实行动态管理、严格的考核验收奖罚及挂牌管理，使乡镇、村社干部美丽乡村建设有压力，变压力为动力，狠抓建设工作落实，建立了工作落实新机制，确保了美丽乡村建设任务的高质量完成。

（7）“县级主要领导带头、四大班子领导齐动、联村联户部门实帮、乡镇村社大干”的上下联动机制

充分发挥双联作用，省、市、县、乡 142 个单位联系全县 238 个贫困村和 112 个非贫困村，2795 名干部联系 16007 户贫困户，把

① 指落实 1 个项目建设资金、帮列 2 个建设项目、帮建 5 户示范户。

双联贫困村全部纳入美丽乡村精品村、示范村、达标村建设范围，积极兴办民生实事，先后争取资金9000多万元，实施了道路硬化、河堤修筑、便民桥修建、产业发展、文化传承等一批建设项目，各级双联单位和双联干部在美丽乡村建设中比作为、比贡献，增强了双联实效。

（8）“群众打底子、政府上面子”的群众发动机制

通过财政“一事一议”奖补资金的补助引导作用，激发了群众建设美丽乡村的积极性。在财政奖补资金的引导下，撬动了群众对项目建设的民间投资，用政府的“四两”拨动群众的“千金”，扩大了项目资金建设效益，创新了投资和建设机制，有力推动了美丽乡村建设。制定出台了美丽乡村建设考核验收办法，对经考核验收达到创建标准的精品村和示范村，由县委、县政府挂牌管理，给予资金奖励，对精品村一次性奖补资金30万元，示范村20万元，达标村5万元，充分调动了广大群众参与创建的积极性。2013年“七一”党的生日，对在美丽乡村建设中做出突出成绩的21名先进村党支部书记，每人重奖5000元现金，对100名文明长廊建设的先进党员，每户奖励本县书画名人的中堂对联一副。在各级组织和广大干部的感召和带动下，农民群众积极响应，义务投工投劳，自备建设材料，有些群众还主动捐地捐物，凝聚起了建设美好家园的强大合力。

（9）“一月一督查、一月一排序、一月一通报”的检查监督机制

采取定期与不定期督查、全面检查与重点抽查、明查与暗访相结合的办法，通过成立专门督查组督查、组织人大代表和政协委员视察、半年经济分析会观摩等多种形式，督促强化工作落实，对各乡镇和各单位进行“一月一督查、一月一排序、一月一通报”，鼓励先进，鞭策后进，有力推动了美丽乡村建设的顺利开展。加

大对美丽乡村建设日常考核和年终的考评，并将考评结果作为考核、奖惩、评先选优以及提拔任用各级领导班子和领导干部实绩的重要依据，近年来近百名在美丽乡村建设中涌现出的工作能力强、有责任心、吃苦耐劳的基层干部被评为先进典型，得到提拔任用，一些表现突出的村干部，由政府推荐报考公务员，成为正式国家公务员，每年都表彰100名美丽乡村建设优秀干部。一系列制度的落实极大地提高了全县各级干部参与美丽乡村建设的热情和干事创业的积极性，极大地激发了干部的工作激情和活力，凝聚了各方工作合力。

（10）“村内事、村民定，村民建、村民管”的长效管理机制

坚持建管并重，采取边建设、边管理的办法，乡村两级都制定了《乡规民约》《村规民约》等制度，由群众自主管理，不断巩固建设成果。推行了“一日五问”警示，成立了理事会，建立了卫生管理、环保治理及垃圾处理制度，对村民在环境卫生方面的责任和义务作了明确规定，设立了“环境卫生评比公示栏”，定期对农户房前屋后“三乱”进行检查评比，定期公布每个家庭卫生状况的检查结果。

此外，康县美丽乡村建设过程中，在各基层组织、乡村基层干部和包扶干部的带领下，各项目村之间还掀起了“学着干、比着干、抢着干、偷着干”的争先创优机制；在“四新竞赛”和“六争六评”活动的促进下，建立起了“小手拉大手、共创文明户”的文明创建机制。

6. 培育特色富民产业，有效经营美丽乡村

建设美丽中国、实现全面小康是现阶段我国最重要的奋斗目标。没有农村的美丽就没有美丽中国，没有农村的小康就不会有全面小康。美丽乡村不仅是环境的美丽，更重要的是要有创业致富的平台，

美丽乡村如果缺少了富民产业，那迟早也会被老百姓抛弃，最终走向空心化。近年来，不少地方农村环境变好了，一栋栋小洋楼建起来了，农民住房条件改善了，但村里却不怎么能见到人了，农村土地大片大片荒芜了，空心化的问题日益凸显。根本原因在于以种植业为主的传统农业长期处于增产不增收甚至亏损状态，而新的农村特色富民产业却一直没能够有效培育起来，在比较收益驱动下，农村劳动力纷纷离开土地、离开农业、走出农村进城当起了农民工。如何破解农村空心化的问题，美丽乡村建设怎么有效防范可能出现的建成即空心的问题？康县给出的答案就是，坚持将美丽乡村建设与大力培育农村特色富民产业紧密结合起来，把美丽乡村培育成农村经济永续发展的新增长点，让广大农民在建设美丽乡村中挖掘出发展的产业机会，在经营美丽乡村中实现增收致富。

围绕经营美丽乡村，大力培育和发展乡村旅游业。美丽乡村建设将一个个农村打造成为一个个盆景，并进一步串成一道道风景、连成一座座花园，为发展乡村旅游业打下了坚实的基础。因此，康县适时印发工作方案，启动实施了“乡村旅游‘十村百户千床’创建工程”，通过加快旅游基础设施建设步伐，推动美丽乡村生态旅游、养生旅游、观光旅游、休闲旅游、文化旅游等真正成为农民增收致富的重要产业，并进一步带动传统农业转型发展为特色农业，特色农产品传统营销方式转型发展为借助电子商务平台进行线上低成本便捷营销，形成“公司＋农户”“线上＋线下＋融合”“互联网＋特色农产品”“市场＋电商＋协会＋农户”等各种新的产业模式、经营模式、商业模式，实现农民由“外出务工”到“在家门口创业”的转变，“经济生态化、生态经济化”由理念变成现实。

第四章　康县模式的建设成效

康县美丽乡村建设持续开展六年多时间，全县三分之二以上的行政村高标准建成了美丽乡村，积累了大量可以借鉴、可以复制的经验，形成了一系列极其深刻的建设启示，意义重大、影响深远。

一、建设成效

留得住乡愁，存得住记忆，绿水青山就是金山银山。康县用美丽乡村建设的实践对此做了一个最好的诠释。

康县实施美丽乡村建设以来，有效破解了农村发展中的一系列难题，创造性地走出了一条贫困地区建设美丽乡村的新路子，取得了世人瞩目的成效。累计投入建设资金 127819 万元，撬动信贷资金 26006 万元，其中：整合项目资金 73019 万元、县级财政配套资金 9200 万元、群众自筹资金 30200 万元、群众投劳折资 15400 万元。累计建成 236 个美丽乡村，占全县行政村总数的 67.4%，其中：精品村 95 个、示范村 73 个、达标村 68 个，惠及 3.4 万多户群众，占全县农村 4.7 万户的 72.3%。逐步形成了全县有亮点、乡乡有看点、村村有重点的美丽乡村建设格局。先后成功打造了平洛镇团庄村，望关镇沈湾村，长坝镇花桥村，城关镇凤凰谷村，王坝镇大水沟村、何家庄村，岸门口镇许家河村、严家坝村，白杨乡朱家沟村、桂花庄村，铜钱罗坪村，阳坝镇油房坝村、龙潭村、宋沟村等一大批美丽乡村典型样板。已建成美丽乡村覆盖范围之广、涉及区域之大、建设数量之多、建设标准之高、建设效果之好，不仅在甘肃全省独一无二，即使放眼全国也很少见。康县也因此连续四年夺得甘肃省美丽乡村建设综合评比第一名，当地农村真正实现了“天蓝地绿水清、村美院净家洁”，整县成为一个不要门票的生态旅游大景区，并带动康县经济实现了跨越式发展，成为在陇原大地上叫得响的名副其实的陇上江南。

岸门口镇许家河村美丽乡村建设前后的变化是康县美丽乡村建设效果的一个缩影，下文首先通过一组同一地点不同时期的对照图来直观展示。

河道整治后，村旁河堤更坚固了

休闲广场改造后，门前广场更漂亮了

村口道路整修后，村口变美了

整治后的居民院落变亮丽了

沟道整治后，河道变清澈了

休闲广场多起来了

村内道路变畅通了

康县美丽乡村建设的具体成效可以从以下七个方面加以概括：

1. 农村基础设施发生了巨大变化

236 个已经建成的美丽乡村，村村都硬化了村社道路和入户巷道，彻底改变了“晴天一身土、雨天一脚泥”的落后状况，解决了群众通路难的问题；村村都架通了人畜饮水工程，完成了农网改造，实施了房屋风貌改造、庭院改造和绿化、美化工程，农村面貌焕然一新；村村都建成了村级综合服务中心、村民休闲广场和花园景观，配套了小超市、卫生室、理发室、读书室。

累计硬化通村道路 131 条、359.64 公里，硬化村内主干道 251 条、264.10 公里，硬化入户道路 4655 条、618.84 公里，建成连接县与县、乡与乡的旅游公路 72 条、488 公里；维修加固和改造房

屋 38617 间，拆除危旧房屋 6426 间，亮化房屋 74110 间，改造庭院 14556 户；修建护村河堤 113.08 公里，修建排水排洪渠 450 条、39173.38 米，修建便民桥 166 座，改造桥梁风貌 121 座；村庄绿化 345148.70 平方米，安装太阳能路灯 1889 盏，建设沼气池 1117 座；修建垃圾房 623 个，安装垃圾箱 3010 个，修建公厕 243 座，圈厕改造 2592 座；修建村级形象大门 23 座，建设村级文化活动室 180 个、村级文化大院 166 处，修建医疗卫生室 128 个，建成建制村标准化卫生室 56 个，修建村级党员活动室 167 个，修建便民理发室 18 个，修建农家书屋 191 个，修建村史馆 31 座，修建五保家园 63 个，新

建老年人日间照料中心 17 处，发展农家小超市 58 个、电子商务网点 598 个；安装体育健身器材 367 套，修建篮球场 44 块，修建休闲文化广场 302 处，修建凉亭 77 个，绘制文化墙 10969.50 平方米，修建公共停车场 50 处、停车位 369 个；修建农家客栈 95 家、标准床位 775 个，新修房屋 1609 幢，加盖二层 7578 幢；实施农村人饮工程 152 项，改扩建和新建学校 28 所，全县 21 个乡镇实现了中心幼儿园全覆盖，改造架设农电线路 56.3 公里，新建覆盖 21 个乡镇和部分重点村社的通信基站 45 座。

逐步实现了公共服务设施在美丽乡村的全覆盖，实现了文化资源共享工程全覆盖和自然村广播电视信号全覆盖，让全民共享发展成果。开通城乡公交班线 6 条，投放公交车 28 辆，开通客运班线 41 条，投放车辆 77 辆，惠及周边 18 万群众。许多农户购买了私家车，大多数群众骑上了摩托车，交通条件与城市居民不差上下。晚上，各村的活动广场上妇女跳舞的、小孩唱歌的、男人拉家常的好不热闹。

行走在美丽乡村的小路上，一幢幢漂亮的、各具特色的农家小居迎面而来，一条条美丽的乡间小道就在脚下，匠心独具的活动广场，

到处鲜花盛开，河水、溪水清澈，仿佛身处世外桃园。这几年来康县检查指导工作的领导和各方面的朋友都普遍感觉到，现在的康县农村建设得比城市好，发展得比城市快，变化比城市大，特别是基础设施条件发生的巨大变化，给广大群众生产生活带来了极大便利，用群众的话来说，他们做梦也没有想到，能像城里人一样，出门不沾一点烂泥就可进城，他们过去因交通不便烂在地里的各种农产品，现在足不出门、坐等客商，也能卖个好价钱。

2. 人与自然和谐相处的局面随处可见

美丽乡村建设坚持做到了“不砍一棵树、不埋一眼泉、不毁一株草、不挪一颗石”，突出保护原生态。通过项目整合，将分散的

资金捆绑一起，集中管理、规范使用，避免了项目资金“撒胡椒面”的老大难问题，有效发挥了政府投资“四两拨千斤”的重要作用，使项目资金的效益最大化，充分显现了农村项目建设的聚合效应，从根本上解决了部门之间各自为阵、推诿扯皮的问题，极大地凝聚了建设力量。

充分依托和有效利用现有森林、牧场、河道、农田等生态元素，把石板、竹子、野生藤蔓、石碾子、老器物、老农具等当作装饰材料，将石子石片、砖头瓦块、树枝树皮等转换成建设材料，在保护自然生态的前提下，最大限度地实现了资源的集约高效利用。坚持突出特色、尊重差异，充分挖掘整合当地的生态资源与人文资源，挖掘利用当地的历史古迹、传统习俗、风土人情，提升和展现了美丽乡村的文化品位，基本实现了“一户一个景、一村一幅画”。

建成后的美丽乡村，注重资源节约与环境保护，注重历史文化元素的传承，注重保持和体现田园风光、乡土风情、生态特色，注重建设样式、风格、色彩与周围环境相协调，各项事业得以统筹协调推进。通过将美丽乡村与生态建设相结合，建设了130公里竹海生态风情线和落叶松、垂柳、刺槐等生态林，实现了增绿又增色；

通过将美丽乡村与环境整治相结合，建设了一批植物广场、生态公园和花木景点，保持原生态面貌，体现田园式风光；通过将美丽乡村与产业培育相结合，形成了“村有主导产业，户有增收项目，人有增收门路”的发展格局；通过将美丽乡村与文明新风建设相结合，推进了移风易俗。漫步在美丽乡村，到处山清水秀，四季鸟语花香，山的粗犷、水的灵秀，石的古朴、树的张扬，小径的曲幽、溪流的清澈，原野的多彩、村舍的典雅，交相辉映、浑然一体，共同组成一幅和谐自然、生机勃勃的田园风光，身临其境，恍若进入人在画中游、画在脚下绘的美丽仙境，流连忘返之间，悠然而生莫若就此归隐、管他今夕何年的回归之念。

3. 实现了项目资金的最大效益

作为国扶重点贫困县，财政资金不足一直是康县经济社会发展的短腿，捉襟见肘的有限资金在投入上慎之又慎，保运转是财政工作的主要任务。虽然省里在美丽乡村建设上每年有“一事一议”财政奖补政策的支持，但是建设美丽乡村重点村建设资金只有几十万元，要想高起点、高标准建设，缺项目、缺资金就成为最大的难题。在美丽乡村建设中，是“照猫儿画虎”还是突破瓶颈？

康县在反复的研究思考中，创造性地提出了整合各类涉农项目资源，让多个渠道进来资金，聚集在一起，由财政、农办统一划定支出范围，捆绑使用资金。涉农资金当时涉及住建、水务、交通、扶贫、发改、国土、水保、林业、文体、环保、农牧等十几个部门，立项权限分散，多头下达，碎片化管理，难免造成使用成本增加、投入效率不高的问题。但要真的把各类涉农资金归并整合在一起，却是一件颇费周折的事。专项转移支付涉及部门利益，从县级层面整合难度较大，协调中各种矛盾应运而生。

面对部门条条框框的规定和美丽乡村建设资金的迫切需求，康县县委、县政府做出决定，所有涉农项目资金必须归并整合，部门上级由县委、县政府统一沟通衔接。归并整合，让美丽乡村建设资金由开始的每年只有4000万元迅速扩大到了1.44亿元，6年累计整合资金达到7.3亿元，并撬动群众自筹资金3亿元，群众投劳折资1.54亿元，平均一个重点村的建设投入也由60万元增加到218万多元。有人这样算账：假如政府给一户15袋水泥，也就是300元，农户就要备沙3车，需要600元，用工6名，折资500元，是政府投资的3倍多。

通过整合项目，将分散的资金捆绑一起，集中管理、规范使用，避免了项目资金“撒胡椒面”的老大难问题，有效发挥了政府投资“四两拨千斤”的重要作用，使项目资金的效益最大化，充分显示了项目建设在美丽乡村建设中的聚合效应，“各炒一盘菜、共办一桌席，”极大地凝聚了建设项目资金整合力量。过去亮化、绿化、美化的单一，变成了现在道路、排水、河堤、人畜安全饮水、健身广场、垃圾处理、自然灾害治理等多个项目同一时间、同一地点共同实施的场面。在改善农村人居环境、提升农村公共服务质量的同时，破解了农村发展瓶颈，助推了贫困地区精准扶贫、精准脱贫工作的有效推进，全县贫困人口减少到 4.81 万人，贫困发生率由 28.3% 下降到了 20%。

4. 农村特色富民产业发展势头强劲

按照“整县核桃、南茶北桑，区域优势、重点突破”的思路，庭院经济与规模经济结合，在美丽乡村大力发展核桃、茶叶、桑蚕、花椒、樱桃、板栗、中药材、草蓄养殖、大鲵养殖、食用菌栽培、生态旅游等特色富民产业，极大地增加了群众收入，夯实了美丽乡村建设的产业基础。全县建成核桃产业村 298 个、发展核桃 59.53 万亩，完成核桃嫁接换优 118.65 万株，2014 年仅核桃产量就达 2.185 万吨，实现产值 32775 万元。建成茶叶产业村 76 个、发展茶园 5.9 万亩，建成花椒产业村 60 个、发展花椒 27.7 万亩，发展大鲵养殖大户 325 户、人工养殖大鲵 10 万尾，发展黑木耳 10 万多架，全县特色产业总面积达到 100 多万亩。组建天麻、核桃、茶叶等各类农民专业合作社 298 个，鼓励支持 21485 户农民发展林下经济。建成了兴源土特产、恒丰核桃、三黄制药等一批特色龙头加工企业，依托茶叶、蚕桑、核桃、花椒等产业及依托特色产业精深加工发展而成的王坝工业园区成为农业、工业旅游观光景点，发展以农产品销售为主的电子商务网店 627 家，其中 145 个贫困村开办网店 128 家。

利用美丽乡村知名度和影响力显著提升这一契机，进一步将美丽乡村建设和生态旅游大景区建设紧密结合，大力发展乡村旅游，进而带动第三产业迅速发展。从 2014 年国庆黄金周开始，康县入境旅游人数激增，游客已不再仅仅是到阳坝景区游玩，更多的是赶到大水沟、凤凰谷、青林沟、严家坝、花桥、塄上、沈湾、团庄、桂花庄等美丽乡村，品味农家山珍，感受田园生活。农民群众通过办农家乐、农家客栈、售卖土特产、手工制品等增加了收入，提振了经营美丽乡村的信心。

得益于此，阳坝镇干江坝村梅园新村建筑公司、城关镇凤凰谷村乡村旅游度假有限公司、城关镇吴家沟村万锦手工刺绣有限公司等一批农民自主发展的乡村企业相继成立。碾坝乡安家坝村过去是一个贫穷小山村，村里小伙娶不上媳妇，村里姑娘也因条件太差而远嫁他乡，2007 年就远嫁到山东荷泽的安翠梅，听说村里因美丽乡村建设发生变化后将信将疑，2013 年 6 月回家探亲，家乡的巨变让她流连忘返，特别是家乡借助生态旅游专业村建设，部分农户依托美丽村庄办“农家乐”发家致富，更让她有了新的打算，回到山东后鼓动丈夫回到村投资办起了“农家乐”。

据初步统计，全县共建成旅游精品节点 15 个，生态旅游专业村 50 个，在 12 个乡镇 36 个村 123 户农户创建了农家客栈 615 个标间、1230 张床位，发展农家乐 300 户，带动了 800 多户贫困户发展种养业，带动 3200 多贫困人口就地就业，直接和间接从事乡村旅游的贫困农户 1000 多户，户均稳定收入 1 万元以上。2015 年全县共接待游客 149.8 万人次，实现旅游综合收入 7.49 亿元。

聚德山庄

知青苑

山水人家
农家客栈
山水人家农家
洋河蓝色经典

凤凰谷村采取集体控股、群众参股、贫困户持股等方式，吸收股东73人，由陇南市组织部资助15万元、村民筹资35万元于2014年11月成立了凤凰谷村乡村旅游度假公司，这也是康县第一家乡村旅游度假公司，发展到目前，旅游度假公司有股东78人，管理和服务人员38人，已建成9家农家客栈，3家农家乐，1个农特产品销售中心以及280亩的农业观光采摘园，形成了“公司+农户”的经营模式，带动了100多户群众就地就业。公司自2015年4月投入运营以来，营业总额达120万元，年终盈利46.48万元，年利润中除去下年发展储备金11.58万元，剩余34.9万元利润按股份1 ∶ 1进行分配，其中，凤凰谷村委会(集体股)分红金额15.5万元，文莲英等19户贫困户每户从集体股中分红3000元；史佐宏等公司股东获得了不同金额的分红，王万文等18户获精准脱贫奖、史雪梅等83户获小康建设奖、辛文英等64户获率先小康奖、文靖等3户获教育激励奖、1户获精准脱贫特别奖，合计分红和奖励92万余元，实现了产业“富民留人”双赢，收到了“一石三鸟”效果，取得了显著的经济效益和社会效益。

5. 农村消费市场焕发出新活力

美丽乡村的建设和经营，拉动了包括生产消费、生活消费等在内的农村各类消费，促进县域经济的发展。美丽乡村建设中的公共基础设施投资本身形成了关于钢筋、水泥、砖瓦、涂料、砂石等建材的大量生产性消费需求。而美丽乡村建设带来农村人居环境面貌的根本性改善，随之而来的是当地农民改善家居环境、提升生活品质的强烈愿望，并迅速转变成为新房建造、老房改造、室内装修、家居用品更新换代，以及农用车、摩托车甚至家用小轿车购买等实实在在的生活性消费需求。具体表现在以下三个方面：

第一，房屋风貌改造项目的实施在改善农村面貌、提升农民居住环境的基础上，提高了农村居民对建材材料的消费。据不完全统计，全县236个美丽乡村有8036户农户加盖了房屋二层共计24108间，加盖二层房屋需要钢筋、水泥、沙子、砖瓦，这些外在的硬件设施和材料直接拉动农村居民对建材的消费。阳坝镇油坊坝村，在美丽乡村建设中，有63户村民配合实施了房屋平改坡（即将原来的平屋顶改造为斜屋顶）、旧房改造、房屋亮化、入户道路硬化、庭院硬化、改厕、改灶，以及改炕等项目，并同时进行了室内装修和家具更新，不算政府补贴资金，仅村民自筹资金的消费支出就达到307万元，户均4.87万元。

第二，家庭生活设施的购置，刺激农村居民对日用电器的消费。随着美丽乡村建设的深入实施，农村房屋的亮化和空间的扩大，农村居民购置添加日常生活必备的设施，比如木质或席梦思床、转角沙发、液晶彩屏电视、大理石茶几、油漆红色桌椅、各种灯等家具。在全县236个美丽乡村中，有70%的农户添置购买日常生活设施和新式家具。望关镇叶湾村，96户居民在美丽乡村建设完成后，进一步通过装修房屋、更新添置家用电器和家具等耐用消费品，购买摩托车和手机等交通通信工具，在改善家庭生活条件方面累计自筹消费支出达到147万元，户均超过1.5万元。如果以叶湾村户均消费1.5万元为标准进行推算，则康县通过236个美丽乡村建设，推动3.4万户受益村民形成的农村消费市场支出高达5.1亿元。

第三，交通、通信消费品的购置。美丽乡村建设助推了农村公路的畅通，通村道路和入户道路的硬化，大大便捷了村民的出行；各种网络信息基站的建设，为农村信息的便捷提供了有利条件；特色产业的发展、旅游业的发展、外出务工等增加了群众收入，农村信贷消费政策的实施，为村民购买汽车、摩托车、手机等通信工具提供了足够的资金。近年来，全县350个村农户手机购买约12.4万部，购买摩托车2.76万辆，购置各种微型小汽车2034辆，购置农用车3023辆。事实上，美丽乡村建设累计投入的127819万元建设资金全部转化形成了当地的农村建材市场消费需求。另外，电子商务在农村的渗透，有效激发了农村消费需求，成为扩内需、促转型、惠民生的新引擎。行走在康县美丽乡村，完全感受不到如外界那样的经济下行压力的冲击，处处呈现出大干快上的繁荣景象，时时飘荡着老百姓幸福开心的爽朗笑声。

6. 农民生活品质明显提升

伴随着美丽乡村旅游业、林果业、养殖业、电子商务等特色富民产业的培育与发展，城乡差距大幅缩小，康县主要经济指标均较五年前实现翻番，生产总值由2009年的8.1亿元增加到2014年的16.98亿元，全县大口径财政收入由1.05亿元增加到2.64亿元，公共财政预算收入由0.4亿元增加到1.3145亿元，城镇居民人均可支配收入由6600元增加到17038元，农民人均纯收入由1915元①大幅增加到4475元，年均增长27%。

康县的美丽乡村建设不仅加快了贫困农村脱贫致富奔向全面小康的步伐，更重要的是改变了群众落后的生产生活方式、陈规陋习和不良风气。早晨起来“叠被子、开窗子、抹桌子、扫院子”的良好生活习惯开始养成，广大群众茶余饭后聚集在广场健身娱乐，在农家书屋看书读报，自发组织开展羽毛球等各种体育竞赛活动，自

① 2009年康县农民人均纯收入中不包括当年农村灾后重建建房补助款。

编自演具有乡土风味、文明气息的文化节目，活跃了群众文化生活，弘扬了农村先进文化，提高了群众文明素质。全县呈现出村容村貌整洁、巷道院落干净、生态环境优美、社会文明和谐的新形象，极大地增强了农村群众的幸福感和优越感，群众对美丽乡村建设的满意度达到了95%以上，幸福指数达到了90%以上。望关乡徐罗村通过美丽乡村建设，实现了从烂房多、毛驴多、光棍多的“旧三多”向新房多、农机车辆多、致富门路多的“新三多”转变。像这样的变化，在全县各村非常普遍。

7. 乡村社会治理能力大幅度提升

（1）农村基层组织的凝聚力得以加强

在美丽乡村建设中，乡村两级组织全面落实“3+5”工作法和“一诺、三评、三公开、一考核”工作法，以及首问责任、限时办结、超时默认、责任追究、民事代办、到村坐班等各项制度，有效解决了长期以来村“两委”班子不想干、不愿干、不会干、干不好的问题，极大地提升了乡镇干部的谋事能力、干事能力和领导能力，提升了村级组织的向心力和凝聚力，树立了村干部在群众中的威信。群众盼着干、比着干、谁不干谁不光彩，成为村村议论的焦点。乡镇党委书记、乡镇长坐一起，谁干不好就觉得没面子。

现在农村人找媳妇，要先看建没建美丽乡村，过去乡里人爱进城变成了现在城里人爱进村，许多外出打工挣钱的致富户，返乡建设新家园。平洛镇孙家坝村过去是一个后进村，干群关系紧张，提起该村，人人摇头。2013年镇党委把该村申报为全县美丽乡村建设示范村，决心以干克难，在建设中锻炼培养和考验村干部，在给群众办实事、办好事的过程中，教育引导和团结全村群众，长期以来因办事不公开、不透明造成的累积矛盾，在美丽乡村建设过程中得到了有效解决，村“两委”班子由后进一跃成为全县先进村班子，该村实施的大批美丽乡村建设项目，从未发生一起上访案件，用该村村委会主任孙培才的话说：“孙家坝的变化，放在过去是想都想不到的。”由于该村“两委”班子作用发挥得好，群众干事热情高，在达标村基础上，又将该村作为精品村进行了打造，广大群众进一步尝到了干群团结、干事创业的甜头。

（2）农村的乡风文明得以提高

通过在全县美丽乡村中培育新型农民、优良家风、文明乡风，提升了农民群众的综合素质，逐步形成了遵纪守法、文明和谐、邻里和睦、互帮互助、健康向上的良好风尚。先后涌现出孝敬父母好儿媳、新农村建设带头人等各类先进个人 9525 多名。其中：县级先进典型 1196 名，乡级先进典型 2534 名，村级先进典型 5786 名。评

选出孝敬父母好儿媳县级先进 198 人，乡级先进 436 人，村级先进 1074 人；评选出勤劳致富好家庭县级先进 203 户（人），乡级先进

444户（人），村级先进964户（人）；评选出新农村建设带头人县级先进198人，乡级先进333人，村级先进750人；评选出环境卫生模范户县级先进200户（人），乡级先进448户（人），村级先进972户（人）；评选出遵纪守法光荣户县级先进199户（人），乡级先进446户（人），村级先进977户（人）；评选出邻里和睦文明户县级先进198户（人），乡级先进427户（人），村级先进1049户（人）。

二、建设启示

总结美丽乡村建设的康县模式，最大的启示在于：建设美丽乡村不一定要额外增加多大的投入，钱并不是最主要的问题，只要有一个强有力的领导班子，只要有一套健全的工作机制，只要有一套科学的资源整合方法，只要有一套合理的建设措施，即使贫困地区也完全可以建设美丽乡村。

若从方便于学习、借鉴、复制康县模式的角度出发，笔者认为应重视以下16个方面的具体启示。

（一）建设美丽乡村，必须坚持政府主导、群众主体，在尊重民意中稳步实施

尊重农民、放手发动农民、充分依靠农民，与农民一起讨论、一起规划，这样的场景多少年不曾见到了。这是康县美丽乡村建设的一条基本经验，实际也是当地践行党的群众路线的重要体现。康县的经验告诉我们，美丽乡村建设离不开政府的引导，政府引导是促进美丽乡村建设的关键，同时群众作为参与者、受益者，是美丽

乡村建设的主体。在农村，哪里可以建房、何处可以修路、管道铺设在什么地方合适，只有祖祖辈辈生活在当地的干部群众最清楚、最有发言权。因此，在美丽乡村建设上，政府要发挥主导作用，但更要尊重群众的意愿，充分听取群众的意见，发挥好群众的首创精神，调动好群众参与美丽乡村建设的自觉性。

（二）建设美丽乡村，必须坚持领导带头、苦抓实干，在身体力行中推动工作落实

喊破嗓子，不如干出样子。领导干部既要做建设的设计师、规划师，又要当好建设的“指挥员”，历届政府坚持不懈，各级组织鼎力配合，主要领导身先士卒，广大干部全力以赴，这是康县美丽乡村建设取得辉煌成就的又一条基本经验。这启发我们，在美丽乡村建设中，各级领导干部，特别是主要领导一定要坚持脚踏实地、求真务实的工作作风，要下得了决心，扑得下身子，深入一线，身体力行，强力推动，各级领导都要作风严明，雷厉风行，坚决执行统一的决策和部署，不讲困难，不谈条件，强措施、出实招，努力提高工作效率，积极为群众办实事、办好事，拓宽增收渠道，解决群众生产生活中遇到的困难和问题，把美丽乡村建设抓实抓细抓好、抓出成效。

（三）建设美丽乡村，必须坚持规划先行、城乡统筹，在高点起步中实现共同发展

美丽乡村建设，规划是关键中的关键。康县坚持城乡一体化发展的路子，统一规划，但又不追求“单打一”的规划模式，把民风民俗文化内涵体现在规划之中，按照不同片区，走“一乡一品”或

者“一村一品”的路子，既着眼现在，更重要的是着眼未来，既保证了规范化、合理化、特色化，又体现了高起点、高品位，更重要的是实现了接地气、顺民意，因此，才得到了群众的真诚拥护。这启发我们，美丽乡村建设必须坚持按照“一村一品”来规划，建设规划的设计人员要调研村情，调研地域文化特点，求教于本县的文化研究工作者，特别要放下身段求教于当地村民，要坚持规划与管理并重的原则，进行科学分析、科学推进、科学管理，打造社会和谐、管理科学、制度民主、城乡同步发展的美丽乡村。

（四）建设美丽乡村，必须坚持整合资源、集中力量，在合力打造中提高建设质量

美丽乡村建设量大面宽，康县以农业、林业、扶贫、环保、交通、水利等项目单位为重点，整合项目、整合资金、整合自然生态和地域文化等各类资源，各项目单位、联村联点单位、联乡包点领导之间，形成了左右互动、上下联运、合力打造的运行机制，才使各种要素形成合力，在全县范围有效推进了美丽乡村建设这项系统工程，全面提升了美丽乡村建设的品位和质量。实际上，各地都有各种各样的涉农项目和资源，但在行业归口管理之下，这些项目资源没能够形成合力，使得资源的使用效果打了折扣。康县美丽乡村建设的实践充分证明，整合资源可以实现“1+1 ＞ 2”的效果，这也是康县模式最重要的启示，值得学习、推广。

（五）建设美丽乡村，必须坚持认准目标、持续接力，在规划蓝图的落实上不搞穷折腾

朝令夕改穷折腾，好大喜功瞎胡闹，这可能就是各地在建设与

发展中经常出现反复、遭遇曲折的主要原因之一。历史的经验证明，折腾必然会造成极大的浪费、导致发展的停顿、错失发展的机遇，折腾也容易挫伤干部群众的积极性。康县历届领导班子坚持“一张蓝图绘到底、一届接着一届干”，2012 年以来，康县连续五年的一号文件都是用来安排美丽乡村的建设。根据康县委发〔2016〕1 号文件，康县将在 2016 年安排新建 26 个美丽乡村，完善提升 20 个已有美丽乡村，以望关至长坝、城关至王坝两大乡村旅游示范片区和豆坪、店子、阳太三个精准扶贫示范片区等五大片区为重点，突出抓好望关叶湾、寺台袁山、白杨朱家沟 3 个省级美丽乡村示范村，以及平洛黄龙至张坪、岸门口镇中节河流域、碾坝小河流域、阳坝田坝至柯家河四大整流域示范区建设。因此，到 2016 年底，康县美丽乡村的数量将增加到 262 个，行政村覆盖率达到 74.9%。正因为有了这样的坚持，康县虽然自身经济基础比较薄弱、财力有限，但久久为功之下，美丽乡村建设也一样取得了了不起的成就。

（六）建设美丽乡村，必须坚持制度约束、机制保障，在政策执行上不打折扣

美丽乡村建设作为一项复杂的系统工程，没有一套科学管用的体制机制肯定不行，但制度过多、规定过细也不利于执行。康县迄今为止只以县委名义出台了“六争六评”活动意见、“四有”型基层组织建设意见，以新农村建设领导小组办公室名义出台了关于项目申报审批、资金筹集、验收奖励、公益设施管护、工作考核等有限的几个制度，但一管多年，非常有效。所以，制度不在多，一要管用，二要落到实处。

（七）建设美丽乡村，必须坚持顺应自然、保护生态，在就地取材中降低建设成本

在康县的美丽乡村建设中，碎石块、旧瓦片、老农具、枯树根、竹片子等都成了建筑装饰材料，既实现了废物利用，又整治了村容村貌，既节约了成本，又留住了乡愁记忆。这也启发我们，只要转变观念、转换视角、用心去挖掘发现，其实我们身边并不缺资源，美丽乡村建设的资源到处都存在。美丽乡村建设要遵循自然规律，要以保护自然环境为前提，以建设和谐社会为基本要求，节约资源，在不破坏自然环境的前提下，坚持就地取材、量材施用、量力而行，降低建设成本。

（八）建设美丽乡村，必须坚持严格考核、兑现奖惩，在评比竞赛中激发内在动力

没有规矩，不成方圆。康县的美丽乡村建设中，下功夫开展了“六争六评”四新竞赛活动、“小手拉大手”文明创建活动、“四有”型基层组织建设活动和“联村联户、为民富民”活动，制定出了一整套符合实情、内容详细、措施得力的管理办法和奖罚机制，通过兑现奖罚、张榜公布评比结果，充分激发出了群众建设美丽乡村的内在动力。这启发我们，在美丽乡村建设上必须要做到“规划设计一张图、审批把关一支笔、质量验收一把尺、经费补助一个标准”，坚持公平、公正、公开，严格标准、兑现奖罚。

（九）建设美丽乡村，必须坚持量体裁衣、分类指导，在建设标准上不搞“一刀切”

康县立足自然生态资源优势，结合社会主义新农村建设的基本

要求，按照创建新农村、培育新农民、倡导新风尚、塑造新形象的标准，把生态文明贯穿于美丽乡村建设之中，形成了自己的特色；在所打造的美丽乡村建设点上和三条主干线沿途的15个节点建设上，并不是一个模式、一个面孔，而是按同中求异的原则，分类别、分层次打造，形成了各具特色的不同亮点。这启发我们，美丽乡村建设必须坚持因地制宜、因势利导，通过科学的制度设计有效防止“一刀切”。

（十）建设美丽乡村，必须坚持量需而为、注重实用，在建设规模上不争面子

国人有好面子的陋习，各地经常出现的面子工程、形象工程也大都与此有关。打肿脸充胖子，争强好胜，结果常常是误人又害己。康县在美丽乡村建设的规模上，牢牢把握的一点就是量需而为、不贪大求洋。他们能够结合各点实际，尊重群众意愿，以建生态村、文明村为抓手，以美化净化为手段，根据立地条件和群众生活需求，在不破坏原生态环境的基础上搞建设，并不是一味地搞面子工程，使建成的美丽乡村既美观，又实用。

（十一）建设美丽乡村，必须坚持量力而行、稳步推进，在建设进度上不搞“齐步走”

康县美丽乡村建设的主要方法是示范带动、典型引导、精品促进，坚持有多少钱办多少事的原则，通过少量的奖补资金，用“四两拨千斤”的方法引导社会力量和广大群众投资投劳，为建设项目和资金缓解了压力，而不是遍地开花、一拥而上，通过大规模借贷举债搞建设。政府没有债务压力，这也是美丽乡村建设在康县得以持续稳步推进的重要原因。

（十二）建设美丽乡村，必须坚持虚实结合、软硬并举，在建设方法上不搞“单打一”

康县的美丽乡村建设不单单只是政府引导、群众自觉、用制度来管人管事，在发动群众参与上，也运用了一些策略性较强的措施和方法。比如在环境卫生整治上，通过定期检查评比，“一日五问”，把卫生评比情况公布在当地中心小学和各村小学，让孩子了解自己家庭卫生评比情况，增强荣辱感，督促家长搞好环境卫生等虚实结合、软硬并举的办法，并不是一味地“单打一”，有效地促进了美丽乡村建设的长效管理工作，保证了各种长效机制的运行。

（十三）建设美丽乡村，必须坚持以干克难、主动作为，在建设投入上“不等不靠”

有为才有位，干了才能得到支持。康县在建设美丽乡村上，采取的是先布点规划，再设计建设的办法，而不是一味地“等、靠、要”。在实际操作中，依靠管理机制、奖补机制、评比机制的促进，引导各乡镇村社争先恐后、比学赶超，克服缺项目、缺资金、缺劳动力等种种困难，迎难而上，主动出击，用积极的前期工作基础来争取建设项目，用良好的工作业绩来争取项目投资，从而打开了全县建设美丽乡村的良好局面。群众逼着干部干，村社逼着乡镇干，乡镇主动要求干，在康县美丽乡村建设中已经成为一种风气。这启发我们，在美丽乡村建设中，建立一套能够自下而上“我要干”的工作机制，远比自上而下逼着“让我干”要重要得多。

（十四）建设美丽乡村，必须坚持靠实责任、强化督查，在建设质量上不糊弄

美丽乡村建设质量要保证，品位要提高，不能建了就丢，成果需要巩固，方法需要推广，机制需要长期运转，才能保证已建成的点不返脏、不返乱、不返差、不返贫。康县为了做到这些，最重要的经验就是靠实工作责任，坚持督促检查不走过场、不落俗套、不留死角，不是一味地大忽悠、雷声大雨点小，而是真抓实干、真查实看、敢于碰硬、不怕亮丑揭短，及时检查、现场点评、立即整改，这才促使美丽乡村建设出了一大批精品亮点工程，带动了全盘工作及社会各项事业共同发展，实现了经济转型跨越，把美丽乡村真正建设成了群众满意、美丽幸福的新家园。

（十五）建设美丽乡村，必须坚持村民建设、村民管理，在村务治理上政府不包办代替

农民是农村的主人，是美丽乡村建设最直接的受益者，理所当然也是美丽乡村建设与村务治理的责任主体，包办代替只会是费力不讨好。康县针对美丽乡村的经营与管理，坚持充分尊重群众、高度信任群众、放手发动群众、有效引导群众、积极依靠群众，通过健全村民自治机制，制定村规民约，建立健全美丽乡村建设、运行管理和服务制度，建立村内环境卫生清扫和保洁、园林绿化养护、基础设施维护等管护制度，明确美丽乡村管理的责任主体和实施主体，实现了群众自主管理。

（十六）建设美丽乡村，必须坚持统一调度、分工明确，在工作推进上不推诿扯皮

美丽乡村建设涉及上下左右、方方面面，工作头绪多、时间跨度大，需要由一个部门牵头抓总、各个部门紧密配合。在康县，县委农办承担了美丽乡村建设的抓总职能，统一规划建设项目、统一下达资金筹集计划、统一调配建设资源、统一指挥建设进度、统一组织检查验收、统一进行考核奖励。实践证明这一领导体制安排是非常有效的。

第五章　康县的美丽乡村

系统总结了康县模式的背景、形成、内涵、效果和启示之后，接下来我们将全面梳理一下已建成美丽乡村在康县的地域分布、类型分布、标准分布情况，进而描绘出美丽乡村的图谱，并有选择地介绍几个典型的美丽乡村，直观感受一下美丽乡村的美。

一、美丽乡村图谱

康县已经建成的236个美丽乡村，散布在全县21个乡镇，从康北、康中到康南，从公路两侧、沟道内外到高半山区随处都可以看到一个个美丽乡村错落有致地隐身期间，在高海拔的徐罗村、在偏远的油坊坝村、在甘陕交界的龙潭村，这些千百年来偏僻落后的村庄，个个旧貌换新颜，美丽乡村从一个个独特的“盆景”串成一道道亮丽的“风景”、扩展成一座座美丽的“花园”，进而作为一个个关键节点共同编制成了全县生态旅游大景区图谱。

从类型分布情况（见表5–1）看，在已建成的美丽乡村中，精品村占40%，示范村占31%，达标村占29%；生态旅游型占17.4%，古村修复型占12.2%，产业培育型占27.1%，环境改善型占31.4%，异地搬迁型占11.9%。

表5–1 康县美丽乡村的类型分布（个）

类型	合 计	精品村	示范村	达标村
合 计	236	95	73	68
生态旅游型	41	34	6	1
古村修复型	29	11	13	5
产业培育型	64	12	10	42
环境改善型	74	16	38	20
异地搬迁型	28	22	6	0

从乡镇分布情况看（见表5–2和表5–3），全部21个乡镇都有

建成的美丽乡村。美丽乡村数量最多的是阳坝镇，达到24个；城关镇以20个紧随其后；王坝镇、岸门口镇和豆坪乡并列第三，均有14个；美丽乡村数量最少的迷坝乡，也有7个。阳坝镇建成11个美丽乡村精品村，在所有乡镇中数量最多；排在第二位的是王坝镇，共建成8个美丽乡村精品村；平洛镇建成7个美丽乡村精品村，列第三位。建成美丽乡村示范村数量最多的是城关镇，共有11个。因此，就美丽乡村的建设水平而言，若单从精品村在建成美丽乡村所占比例看，平洛镇（比例高达77.8%）、望关镇（比例为75.0%）、王坝镇（比例为57.1%）分列前三名，如果将精品村和示范村合计起来观察，则前三名的顺序依次为王坝镇（比例为92.9%）、平洛镇（比例高达88.9%）和望关镇（比例为87.5%）。

表5-2 康县美丽乡村的乡镇分布（个）

乡镇	合计	精品村	示范村	达标村
合计	236	95	73	68
太石乡	9	4	2	3
豆坪镇	14	4	4	6
平洛镇	9	7	1	1
望关镇	8	6	1	1
长坝镇	11	5	3	3
大堡镇	9	5	1	3
寺台乡	9	3	4	2
云台镇	10	3	5	2
大南峪镇	11	5	2	4
迷坝乡	7	1	3	3
城关镇	20	5	11	4
王坝镇	14	8	5	1
碾坝镇	12	4	3	5

续表

乡镇	合计	精品村	示范村	达标村
豆坝镇	9	2	4	3
店子乡	9	2	4	3
岸门口镇	14	4	4	6
白杨乡	9	4	2	3
铜钱乡	11	6	1	4
三河坝乡	8	3	3	2
两河镇	9	3	3	3
阳坝镇	24	11	7	6

表 5–3 康县不同类型美丽乡村的乡镇分布（个）

乡镇	合计	生态旅游型	古村修复型	产业培育型	环境改善型	易地搬迁型
合计	236	41	29	64	74	28
太石乡	9	2	1	3	2	1
豆坪镇	14	2	2	6	3	1
平洛镇	9	1	2	3	1	2
望关镇	8	1	2	3	1	1
长坝镇	11	1	2	3	4	1
大堡镇	9	3	1	1	4	0
寺台乡	9	2	1	2	3	1
云台镇	10	1	1	2	6	0
大南峪镇	11	1	1	5	4	0
迷坝乡	7	1	0	4	2	0
城关镇	20	3	2	3	10	2
王坝镇	14	5	1	3	3	2
碾坝镇	12	1	1	5	4	1
豆坝镇	9	1	2	3	2	1
店子乡	9	0	0	3	5	1

续表

乡镇	合计	生态旅游型	古村修复型	产业培育型	环境改善型	易地搬迁型
岸门口镇	14	2	1	6	3	2
白杨乡	9	3	1	1	2	2
铜钱乡	11	2	1	1	4	3
三河坝乡	8	0	2	1	2	3
两河镇	9	1	1	3	2	2
阳坝镇	24	8	4	3	7	2

从美丽乡村覆盖比例看（见表5–4），全县67.4%的行政村已经建成美丽乡村，其中精品村覆盖率为27.1%，示范村覆盖率为20.9%，达标村覆盖率为19.4%。城关镇和王坝镇率先实现美丽乡村百分之百全覆盖，1/3的乡镇美丽乡村覆盖率处在50%～60%，5个乡镇美丽乡村覆盖率处在60%～70%，4个乡镇美丽乡村覆盖率处在70%～80%，3个乡镇美丽乡村覆盖率处在80%～90%，三河坝乡的美丽乡村覆盖率为50%，在所有乡镇中最低。

表5–4 康县各乡镇美丽乡村比例

乡镇	行政村数量（个）	美丽乡村数量（个）	美丽乡村比例（%）
合计	350	236	67.4
太石乡	11	9	81.8
豆坪镇	24	14	58.3
平洛镇	15	9	60.0
望关镇	11	8	72.7
长坝镇	18	11	61.1
大堡镇	17	9	52.9
寺台乡	13	9	69.2

续表

乡镇	行政村数量（个）	美丽乡村数量（个）	美丽乡村比例（%）
云台镇	19	10	52.6
大南峪镇	21	11	52.4
迷坝乡	12	7	58.3
城关镇	20	20	100.0
王坝镇	14	14	100.0
碾坝镇	14	12	85.7
豆坝镇	15	9	60.0
店子乡	16	9	56.3
岸门口镇	20	14	70.0
白杨乡	15	9	60.0
铜钱乡	13	11	84.6
三河坝乡	16	8	50.0
两河镇	12	9	75.0
阳坝镇	34	24	70.6

从区域分布情况看（见表5–5），已建成美丽乡村的41.1%集中在康北地区（包括太石乡、豆坪镇、平洛镇、望关镇、长坝镇、大堡镇、寺台乡、云台镇、大南峪镇和迷坝乡10个乡镇），33.1%分布在康中地区（包括城关镇、王坝镇、碾坝镇、豆坝镇、店子乡和岸门口镇6个乡镇），25.8%分布在康南地区（包括白杨乡、铜钱乡、三河坝乡、两河镇和阳坝镇5个乡镇）。从美丽乡村的创建标准看，不同地区精品村和示范村占比均超过70%以上，但在康北和康南地区44%以上的美丽乡村属于精品村，而康中地区示范村占比更高，接近40%。从美丽乡村的覆盖率看，康中地区最高达到78.8%，康南地区为67.8%，康北地区最低为60.2%。

表 5–5 康县美丽乡村的区域分布

地区		合计	康北地区	康中地区	康南地区
合计		236	97	78	61
建设标准	精品村	95	43	25	27
	示范村	73	26	31	16
	达标村	68	28	22	18
建设类型	生态旅游型	41	15	12	14
	古村修复型	29	13	7	9
	产业培育型	64	32	23	9
	环境改善型	74	30	27	17
	易地搬迁型	28	7	9	12

表 5–6、表 5–7 和表 5–8 分别详细列举了康县已创建完成的美丽乡村精品村、示范村，以及达标村名录。

表 5–6 康县美丽乡村精品村名录

乡镇	数量（个）	生态旅游型	古村修复型	产业培育型	环境改善型	易地搬迁型
太石乡	4	甘柏村 水口村	—	—	河口村	金厂村
豆坪镇	4	李山村 李安村	—	—	李坪村	豆坪村
平洛镇	7	团庄村	药铺沟村	孙家坝村 平洛村	刘河村	贯沟村 龙坝村
望关镇	6	沈湾村	寨子村	徐罗村 贯上村	堺上村	叶湾村
长坝镇	5	花桥村	段庄村	—	吴坝村 赵沟村	付坝村
大堡镇	5	宋坝村 蔡坝村 巩庄村	巩集村	—	街道村	—

续表

乡镇	数量（个）	生态旅游型	古村修复型	产业培育型	环境改善型	易地搬迁型
寺台乡	3	黄庄村	寺台村	—	—	田坪村
云台镇	3	—	云台村	—	上店村 陈峡村	—
大南峪镇	5	花庙村	窑坪村	大南峪村 万家山村 后沟村	—	—
迷坝乡	1	—	—	腰镡村	—	—
城关镇	5	凤凰谷村 吴家沟村 黄家坝村	—	—	江家湾村 万家院村	—
王坝镇	8	大水沟村 青林沟村 廖家院村 何家庄村 苟家庄村	金家山村	—	—	王坝村 鸡山坝村
碾坝镇	4	安家坝村	—	—	袁坝村 寺底下村	田坝村
豆坝镇	2	—	—	—	安河村	林口村
店子乡	2	—	—	—	寺坝村	中坝村
岸门口镇	4	严家坝村 许家河村	—	—	—	何家山村 青岗坝村
白杨乡	4	枫岭村 王坪村	—	—	—	吊石坝村 白杨滩村
铜钱乡	6	郝坪村 罗坪村	铜钱坝村	白杨坪村	—	双河村 环路村
三河坝乡	3	—	小垭村	—	—	小村沟 母家河村
两河镇	3	马坝村	—	中营村	吴营村	—
阳坝镇	11	老江坝村 刘家坝村 油坊坝村 郑河村 庄科村 二坪村	阴坝子村	干江坝村 宋沟村	—	前山村 龙潭村

表 5–7　康县美丽乡村示范村名录

乡镇	数量（个）	生态旅游型	古村修复型	产业培育型	环境改善型	易地搬迁型
太石乡	2	—	巩山村	何湾村	—	—
豆坪镇	4	—	李坝村 周家坝村	—	西沟村 成沟村	—
平洛镇	1	—	中寨村	—	—	—
望关镇	1	—	李坝村	—	—	—
长坝镇	3	—	李家庄村	—	长坝村 白坝村	—
大堡镇	1	—	—	黄山村	—	—
寺台乡	4	袁山村	—	—	杨湾村 河口村 成湾村	—
云台镇	5	山岔村	—	—	杨湾村 蒽庄村 冯院村 下磨村	—
大南峪镇	2	—	—	—	李湾村 李家沟村	—
迷坝乡	3	—	—	马连村	刘河村 迷坝村	—
城关镇	11	—	—	杨河坝村	孙家院村 苟家坝村 三官村 斜崖村 刘家庄村 东沟村 郑家沟村 甘石坝村	香子坝村 冯家峡村
王坝镇	5	—	—	左家庄村 李家庄村	陈家坝村 十二弯村 金家垭村	—
碾坝镇	3	—	崔家湾村	小河村	马家沟村	—
豆坝镇	4	味石村	豆坝村 栗子坪村	—	大河村	—

续表

乡镇	数量（个）	生态旅游型	古村修复型	产业培育型	环境改善型	易地搬迁型
店子乡	4	—	—	—	马家庄村 孙家庄村 莫家沟村 王家河村	—
岸门口镇	4	—	街道村	—	贾家湾村 贾家坝村 牟家坝村	—
白杨乡	2	朱家沟村	—	贺家坝村	—	—
铜钱乡	1	—	—	—	—	茶味沟村
三河坝乡	3	—	秧田坝村	三河坝村	—	石碑岭村
两河镇	3	—	—	—	后营村	瓦厂村 廖坝村
阳坝镇	7	土垭村 田坝村	阳坝村 上坝村	老庄村	杜坝村 叶子坝村	—

表 5-8 康县美丽乡村达标村名录

乡镇	数量（个）	生态旅游型	古村修复型	产业培育型	环境改善型	易地搬迁型
太石乡	3	—	—	雍坝村 阳山村	董湾村	—
豆坪镇	6	—	—	田能干村 河口村 安坪村 成山村 上沟村 砖沟村	—	—
平洛镇	1	—	—	张坪村	—	—
望关镇	1	—	—	中庄村	—	—
长坝镇	3	—	—	刘沟村 王马村 权坝村	—	—
大堡镇	3	—	—	—	大方山村 李河村 漆树沟村	—
寺台乡	2	—	—	马莲村 罗湾村	—	—

续表

乡镇	数量（个）	生态旅游型	古村修复型	产业培育型	环境改善型	易地搬迁型
云台镇	2	—	—	铺坝村 杜坝村	—	—
大南峪镇	4	—	—	李家河村 李通沟村	郑湾村 焦家沟村	—
迷坝乡	3	十字村	—	张台村 八罗村	—	—
城关镇	4	—	咀台村 赵坝村	罗家沟村 土黄沟村	—	—
王坝镇	1	—	—	安家山村	—	—
碾坝镇	5	—	—	青岗坝村 李家湾村 大庄村 肖家山村	袁家沟村	—
豆坝镇	3	—	—	杨李村 刘坝村 元丰村	—	—
店子乡	3	—	—	张家沟村 谢家坝村 董家河村	—	—
岸门口镇	6	—	—	张家河村 中节村 庄科村 林口村 杨家河村 唐家院村	—	—
白杨乡	3	—	金钗峪村	—	刘家梁村 靴子坝村	—
铜钱乡	4	—	—	—	亮垭村 麻园村 天池村 八仙位村	—
三河坝乡	2	—	—	—	斜坡村 马家山村	—
两河镇	3	—	街道村	赵坝村 定山村	—	—
阳坝镇	6	—	阴坝村	—	柯家河村 大沟村 新寨村 李家沟村 康家坡村	—

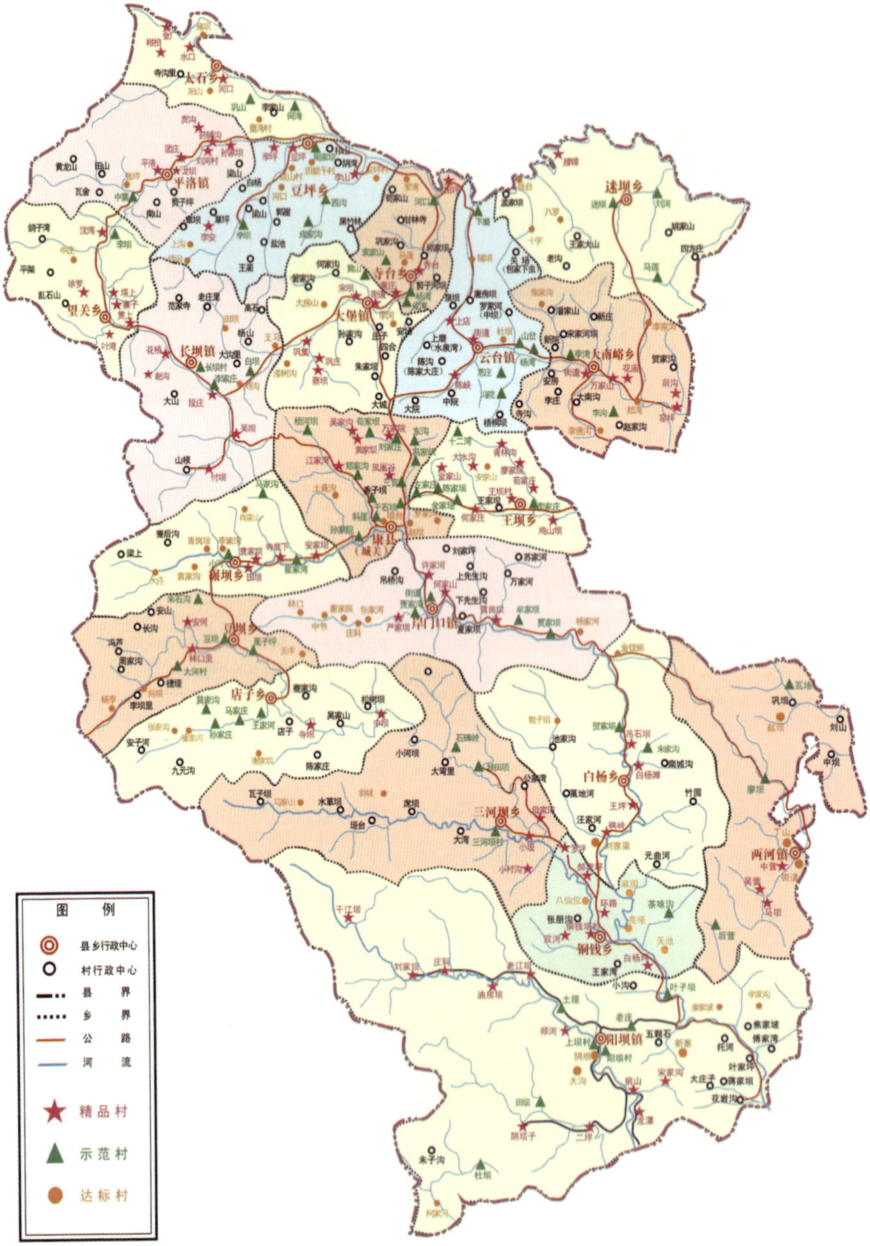

康县已建成为美丽乡村分布示意图

二、美丽乡村掠影

（一）美丽乡村——凤凰谷

城关镇凤凰谷位于县城西北 2.5 公里处，全村有 8 社 235 户 891 人，有耕地 1590 亩、林地 3500 亩，相传凤凰曾在沟内栖息。以前的凤凰谷不像凤凰那样展翅高飞、美丽动人，而是一个深藏在县城边的“穷沟沟”。通过美丽乡村建设，如今的凤凰谷，如同凤凰涅槃，变成了有名的生态旅游精品村。

1. 体现传承做规划

该村立足村情实际，依托区位、生态、文化优势，提出了“大力发展田园观光、农事体验、休闲度假、康体养生等乡村旅游，打造休闲度假和中短途旅游的县城后花园”的建设目标。聘请生态旅游专家，按照“一户一品、一品一景、顺其自然、天人合一”的要求，结合道教文化遗存，坚持旅游开发与自然保护、现代文明

凤凰谷村农家客栈

与文化传承相结合，充分尊重群众意愿，合理布局产业发展、生态保护和公共设施配置，高起点、高标准编制了总体规划，并将规划及时发到群众代表手中，广泛征求意见，赢得了群众信任和支持，提升了规划的品位和层次。

2. 就地取材抓建设

遵循“人与自然和谐发展，现代文明与田园风光相结合”的理念，按照建设园林化旅游村的目标，从群众最关注和期盼的道路、房屋风貌、庭院改造、村庄绿化等入手，以“六化”（基础设施配套化、经济发展产业化、村容村貌园林化、家庭院落花园化、村风民风和谐化、管理机制长效化）建设为重点，注重保持村庄原貌，

凤凰谷村道路

凤凰谷村河道

不搞大拆大建和整齐划一，因地制宜，就地取材，采取专业工程队与群众自建结合，加快建设进度，保证质量，降低成本。入村道路由工程队实施，入户道路采取政府补助水泥，群众备料、投工投劳的办法全部硬化。房屋风貌改造采取“群众打底子、政府上面子”的方法，采用体现传承当地文化的秦巴风格，按照青瓦、白墙、红褐色门窗、斜屋顶、人字梁“五要素”的要求，统一改造了175座新房和60座旧房。庭院改造和景观小品打造，坚持美观、经济、实惠原则，充分利用当地废瓦、废石、废砖，修建开放式围墙和花园。村庄绿化尽量在保护原有花、草、树木的基础上，采用当地生长的竹子、黄杨、马莲等植物，对房前屋后、公路沿线、公共区域、空闲地带以绿增绿、见缝插绿，形成了“人在村中，村在林中”的优美环境。利用沟渠清理出的砂石，打造波浪式水景，有效解决了乱倒垃圾形成“臭水沟”的问题。建成了农家书屋、村级医疗室、便民超市等配套设施。双联单位市委组织部投资的村史馆暨双联博物馆正在建设。

凤凰谷村分红扩股大会

3. 着眼特色育产业

结合产业结构调整，大力发展田园观光、农事体验、休闲度假、康体养生等乡村旅游，栽植苹果、寿桃等1200株，建成农果采摘园。全村实现了核桃树全覆盖、不间断综合管理，引进优质核桃8000余株、嫁接换优1000株，促进了核桃产业提质增效。组建专业工程队，在抓好本村美丽乡村的同时，通过“传、帮、带”，培育了一批技术员，向周边村社劳务输出。组建康县第一家乡村旅游度假公司，旅游度假公司现有股东78人，管理和服务人员38人，已建成9家农家客栈，3家农家乐，1个农特产品销售中心以及280亩的农业观光采摘园，形成了“公司＋农户”的经营模式，带动了100多户群众就地就业，带活了生态鸡、鸭等养殖业，培育了多元化增收模式，初步形成了村有主导产业、户有增收计划、人有增收项目的致富格局。

4. 挖掘文化提品位

依托凤凰谷的美丽传说，组织专业人士充分挖掘历史和乡土文化资源，整理编撰了传说故事。依山就势、就地取材，利用群众自愿无偿让出的空闲地，修建了传承当地道教文化的月牙广场、龙凤广场、八卦广场、太极广场等文化广场9处。绘制了以公民道德规范、生态环保、村规民约为主要内容、凸显传统文化韵味的文

凤凰谷村休闲活动小广场

化宣传墙。节日期间，群众自发举办篝火晚会和灯谜晚会，丰富了乡村文化生活，提升了旅游发展品位。

5. 建章立制强管理

认真开展以“四清”（清垃圾、清淤泥、清路障、清杂物）为重点，以“五无”（无棚架乱搭、无柴草乱堆、无垃圾乱倒、无污水乱流、无家禽乱跑）为要求的环境卫生整治活动，拆除危房35座，修建公厕3座、垃圾房4座，购置垃圾箱6个，实行以群众打扫为主、五保户打扫为辅的管理模式，定期开展卫生大整治、大评比活动，建立健全了长效管理办法，形成了人人动手洁净村庄、全民共建美丽乡村的良好氛围。

目前，该村面貌发生了翻天覆地的变化，昔日远近有名的“烂泥沟、穷沟沟”变成了县城的“后花园”，如今，休闲、观光、度假的游客络绎不绝，一个环境优美、干净整洁、文化繁荣、文明和谐的乡村生态旅游景点初步建成。

（二）美丽乡村——大水沟

王坝镇大水沟村位于省道307白望公路沿线北侧，距王坝镇政府7公里，辖5个合作社176户701人，2014年全村人均纯收入5120元。农业种植以玉米、小麦、洋芋为主，畜牧业以养猪、养牛为主，经济收入主要依靠乡村旅游、劳务输出和核桃产业。

大水沟村拥有绿水青山的生态优势和地处县城近郊、位于公路沿线的区位优势。过去，由于长时间基础设施发展滞后，村级班子引领示范性弱，群众脱贫致富意识差，没有走出一条发展出路，是全县有名的烂包村、臭水沟。通村公路泥泞不堪，村内道路杂草丛生，房屋“高、大、空、黑、旧”，人居环境脏乱差、人畜粪便乱堆放，富民产业发展几乎为零，村民生活困难。2012年开始，大水沟村按照“完善基础设施、提升村级班子、净化村风民风、发展富民产业”的思路建设美丽乡村。经过三年的奋力拼搏，实现从“烂泥沟”到美丽乡村的嬗变。

大水沟村全貌新照

走近今日的大水沟村，山清水秀的生态环境、风格古朴的美丽乡村、窗明几净的生活环境、设施齐全的休闲广场、干净整洁的村容村貌、方兴未艾的富民产业、异彩纷呈的传统文化、和谐淳朴的村风民风，大水沟村不仅成为王坝镇美丽乡村的代表、康县美丽乡村建设的缩影，真所谓“昔日烂泥沟、今朝画中游”。其生态旅游休闲效果还唱响陕甘川三省，渐渐被世人熟知，在全国范围内引起广泛关注，在“寻梦·2015中国最美村镇”投票

大水沟村活动广场

评选中，经过三轮的激烈角逐，大水沟村获得“2015 中国最美村镇文化遗产奖”，走出一条贫困山区脱贫致富的新路。

自建设美丽乡村以来，共整合财政“一事一议”奖补、扶贫等各类涉农项目资金 497.45 万元，群众自筹和以工折资达到千万元，整修加宽硬化通村道路 4.4 公里、村内主干道 11 条 13060 平方米、入户道路 176 户，维修加固和改造房屋 636 间，拆除危旧房屋 96 间，改造庭院 181 户，建成休闲文化广场 7 处，修建护村河堤 2 公里，新建便民桥 6 座，改造桥梁风貌 24 座，村庄绿化 4200 平方米，安装太阳能路灯 30 盏，建设沼气池 35 座，修建垃圾房 14 个、公厕 4 座，修建村级形象大门 1 座；配套了村史馆、医疗卫生室、文化室、便民理发室、农家书屋、农家小超市、五保家园。

大水沟村幸福人家

2015 年起围绕康县三百里旅游风情线建设和王坝镇环乡旅游线建设，在全村范围内栽植大马兰和景观树，对环境进行绿化美化。立足乡村舞台建设，提升旅游产业发展水平，新建大水沟村文化活动中心两层，建设包含停车场在内的游客接待中心

大水沟村农家乐景致

800平方米。建设集村史馆、村级组织活动场所、图书室、电商室、理发室为一体的文化活动中心两层共计200平方米，村史馆中精心复制和还原了农耕文化、传统文化实物。

按照每户一个宽敞整洁的客厅、干净舒适的卧室、清洁卫生的厨房、绿色环保的厕所、布局合理的柴房、环境优美的院落、四季如春的花园、生态美观的垃圾桶"八个一"的创建标准，打造了34户室内环境改造升级示范户，并实现了室内地板硬化、墙面粉刷、陈设更新、网络接入。

绿化空地48000余平方米，栽植芭蕉树、棕榈树等景观树3680余株，开展技术培训520人次，发展养殖大户5户，在大水沟沿线栽植樱桃树和杏树等经济树种2000余株。发展农家客栈示范户4户，正在建设2户，并整合成立大水沟村乡村生态旅游发展有限公司，累计接待游客2000余人次，实现营业收入40余万元。开办农家淘宝屋2家，实现线上交易、线下经营，使山里的特产飞出深山，搭建了群众脱贫致富的电商"天路"。

（三）美丽乡村——油房坝

阳坝镇油房坝村位于绵延百公里的梅园河深处，距县城92公里，全村辖2个社80户281人，该村长期发展滞后，是康县有名的贫困村。脏、乱、差的居住环境，一穷二白的生活与村旁秀美的青山绿水形成了极大的反差。美丽乡村的建设，使油房坝村村内人居环境得到了极大改善，富民产业得到了快速发展，短时间内实现了由贫困村到产业培育型新农村的美丽嬗变。

油房坝村水车主题广场

1. 建设美丽乡村，栽好“梧桐树”

2013年，油房坝村被县上列为美丽乡村建设精品村。在联村单位和镇政府的大力支持下，群众积极投工投劳，全村完成村内道路硬化2.2公里，入户道路硬化72户，新修便民桥3座，铺装石子路2600米，安装太阳能路灯10盏；完成房屋亮化145座，屋顶改造140幢，加盖二层40户，完成庭院改造72户，新建青砖花墙1880米；建成村民休闲茶文化、酒文化、婚俗文化、水车水景主题文化广场共5个4200多平方米，建成景观小品5个，新建环保公厕2座、垃圾房8个，完成“三改”项目40户；完成村级组

油房坝村品茗沟水景广场

织活动室扩建4间120平方米，建成村史馆3间100平方米，新建标准化村级卫生室1个、电子商务中心1个；新建景观河堤380米，新修栈道240米，景观小桥5座，打造水景8处，新建仿古廊桥1座，仿古廊亭3个，茅草亭2个，水榭2个，栽植金叶女贞、红花继木、矮栀子等矮灌10000多株，绿化村内空地及广场3000多平方米。同时，广泛开展“六争六评”“一日五问”等各类群众性精神文明创建活动，全村村容村貌和群众的精神面貌明显变化，过去的“泥水路”变成了“水泥路”，过去的“草棚房”变成了“别墅”，在波光潋滟的天鹅湖畔，昔日的“丑小鸭”悄然蜕变为美丽的“白天鹅”。

2. 培育富民产业，结出“幸福果”

油房坝村在加快基础设施建设、改善人居环境、建设美丽乡村的基础上，坚持把发展特色富民产业、增加农民群众收入作为重中之重，着力开展精准扶贫和精准脱贫工作，积极开展“产业富民留人”示范村建设，大力发展茶叶种植加工、旅游接待服务、中药材种植和大鲵、土蜂养殖等区域优势产业，取得了明显成效，群众收入逐年持续增加，特色产业收入占农民人均纯收入的2/3以上。

一是大力发展集茶园观光、无公害茶叶加工生产于一体的茶叶产业，分区域逐年逐片的对低产茶园进行改造，目前全村已发展龙井43号和岷山131号优质高产茶园600多亩，人均1.7亩，茶园亩均收入达到3000元以上。

二是按照“企业+基地+合作社+农户”的模式，注册成立茶叶专业合作社1个，发展社员140多人，新建茶叶加工厂1座，生产车间300多平方米，办公及附属建筑120多平方米，生产机器30余台，注册了商标品牌，年加工销售成品绿茶15000万斤，实现产值150万元。辐射带动周边茶农280户，流转茶园60亩，综合管护茶园3200亩。与陕西咸阳茶叶外贸加工企业签订了100吨黑毛茶加工合同，茶叶生产可以一直持续到10月，从根本上解决了“秋茶无人采，群众没收入”的问题，激发了群众种茶、管茶、采茶的热情，进一步拓宽了群众增收渠道。

三是大力发展特种养殖，发展大鲵养殖户6户，养殖大鲵1800尾，土蜂养殖大户30户，养殖土蜂2000多箱。通过培育和发展特色富民产业，油房坝村农民人均纯收入由2011年的2320元增加到2014年的4500元，一举摘掉了贫困村的“帽子”。

3. 发展乡村旅游，引来“金凤凰”

通过高标准打造美丽乡村，全面改善村容村貌，栽好了发展的“梧桐树”，在此基础上，充分利用位于梅园沟景区得天独厚的区域优势和生态环境优势，油房坝村巧打旅游牌，大力发展乡村旅游，打造美丽乡村升级版。

油坊坝村一角

一是大力实施“十村百户千床”工程，组织村社干部和部分农户赴四川广元、阆中等地学习考察，解放思想，更新观念，开阔视野，在镇政府及县直相关单位的帮助扶持下，发展旅游农家乐和家庭宾馆20余户，可接待游客300多人，解决农村剩余劳动力就业60多人。

二是挖掘、包装黑木耳、香菇、猕猴桃、茶叶、蜂蜜、天麻等几十种极具当地特色的农副产品，带动旅游消费，增加群众收入。

三是乡村旅游和景区观光融合发展。坚持把村庄作为景点来建设，把农户作为小品来打造，引来大量“金凤凰”来此栖息。而今，到梅园沟旅游的游客已不再仅仅是到月牙潭、天鹅湖等景点游玩即归，更多的是深入油房坝美丽乡村，品味农家山珍，感受田园生活。农民群众通过办农家乐、农家客栈，售卖土特产、手工制品等增加了收入，提振了经营美丽乡村的信心。目前，油房坝村已初步成为融旅游观光、休闲度假、茶园体验、生态养生于一体的生态旅游胜地。

（四）美丽乡村——团庄

平洛镇团庄村位于康县东部，距康县52公里处，是平洛镇主要的粮食主产区之一，粮食作物主要以小麦和玉米为主，经济作物有花椒、核桃和中药材等，全村有耕地1289亩，花椒1632亩，核桃1640亩。

团庄

该村具有非常深厚的历史文化，一是村内有省级重点保护文物龙凤桥一座。建在平洛镇团庄村东头涧沟急流上的龙凤桥，是县境古代木质桥梁建筑的典范。初建于明代洪武三年（1370 年），清光绪甲辰年重修。桥长 16 米，宽 3.3 米；桥房高 3.6 米。桥房、桥身全部彩绘。桥面两边有对称的 24 根房柱连接木栅栏。沿栅栏设置两行长凳供行人歇息乘凉，现保存完整。

二是康县古代经商之道——平乐道（茶马古道）。西汉武帝元鼎六年（公元前 111 年）置平乐道（县级建制），隶属益州武都郡。西晋武帝泰始元年（265 年）置平乐县，隶属雍州。东晋元帝建武元年（317 年）杨难敌（白马氐人）屯下辨，郡县逐废，遂废平乐县，改设为镇。现留存团庄古城、汉砖等遗迹。

三是县级文物保护单位——团庄古城墙。该墙位于平洛镇团庄村龙凤桥西边，南距江武公路 10 米，北面是周家山，东距贯沟村 1.5 公里。相传团庄古城于元代筑起，宽约 4 米，长约 220 米，呈渔船型。

为切实发展好平洛镇团庄村，增进群众收入，突显地方文化，县委、县政府确定将该村建设成为美丽乡村，为茶马古道打造一道亮丽的风景。

团庄村龙广场一角

一方面，把美丽乡村与创建基层党建示范点和陇南历史文化名村统筹规划，以建强村党支部班子为突破口，引导群众发挥首创精神，以财政“一事一议”奖补资金和农村危房改造项目为支撑，争取县直机关单位帮扶，激活了群众自我发展的内生动力。按照美丽乡村基本要素，高标定位，采取政府引导、项目扶持、“双联”帮助、群众自建的原则，亮化房屋226户1083间、改造庭院226户、硬化通村道路6800平方米、硬化入户道路4800平方米，铺设石子路560米，完善人饮工程6处，修建广场2处2600平方米，仿长城墙350米、小花墙280米、凉亭2个、公厕2个、垃圾房4个、护坡900立方米，打造水景观1处、人文景观2处、明月桥1座、路灯15盏，栽植金叶女贞16000株、红叶小檗4500株，绿化3200平方米，全村基础设施建设迈上了新台阶，村容村貌得到了有效改善，群众生活生产大幅度提高。

团庄村乡村大舞台

另一方面，充分利用当地光照充足、气候温润、土地肥沃的自然优势，突出以核桃、花椒为主的特色产业发展。积极安排群众参加镇上统一安排的核桃树高接换优技术培训，投入技术人员32人次，在各社田间地头与农户一道对适宜嫁接的核桃树实施高接换优。全村共完成核桃树高接换优5万余株，投入劳动力5000多人次，为今后群众经济林果收入打下了坚实基础。

（五）美丽乡村——花桥

长坝镇花桥村位于白望公路沿线，距镇政府驻地2公里，全村共辖8个合作社215户774人，耕地面积1641亩，该村以农业种植、畜牧养殖、核桃产业和劳务输出为主要经济来源，是2012年生态文

花桥村

花桥村菩提广场

明新农村建设精品村。2013 年 2 月 8 日，原国务院总理温家宝曾到花桥村视察。

创建活动开展以来，以环境综合整治为总抓手，从一家一户的小环境抓起，动员群众开展庭院环境卫生综合整治，清理房前屋后柴草渣土，利用财政奖补项目及“双联”单位支持的水泥，备沙备料，投工投劳，硬化自己的院落，捐献自留地用于村内公共场所建设。通过召开两委会、党员和村民代表会议，修订完善了《村规民约》，成立了环境卫生管理领导小组，实行门前“三包”和公共区域划段包干责任制。

目前，已硬化村内道路 1770 米，硬化入户道路 1200 米，改造庭院 95 户、5700 平方米，亮化房屋 111 户、444 间，主要村道修建了 2 个固定垃圾池，安装了 12 个垃圾箱，并定期进行

花桥村小桥流水

垃圾清运处理。修建休闲广场5处，景观小品2个，花园5处，栽植花草苗木1600株、风景树120余株，完成空地绿化2700平方米，修建休闲步道780米，编制竹篱笆750米，修建花园围墙600米。建成篮球场1个，安装健身器材5件、乒乓球台2副，太阳能路灯10盏，修建漫水桥1座，护庄河堤280米，排水渠120米。

发展大力子、板蓝根等中药材800多亩，发展畜禽水产养殖大户6户，为群众增收致富打下了基础。

（六）美丽乡村——严家坝

岸门口镇严家坝村位于康阳路百公里生态旅游风情线上，距离县城11公里，全村辖4社105户402人，耕地面积812亩，有核桃树18492棵，其中大树5226棵，实现核桃产业全覆盖，是康县核桃产业专业村。2013年被列为美丽乡村精品村进行建设，立足资源优势、保护自然生态，属于生态旅游美丽乡村。

建设过程中，整合各类资金260万元，群众筹资和投劳折资500万元，硬化主干道路1350米，入户道路6000米，修建河堤597米，新建排水渠272米，依托全村优美的自然风光和47棵古树名木修建了银杏广场、麻柳广场等各类活动广场5个，修建景观桥1座，铺设人行步道230米，安装凉亭1座，修建占地7.5亩的核桃生态休闲公园1处，完成绿化5000平方米，栽植绿化树755株，安装太

阳能路灯 15 盏，完成庭院改造 65 户，对村内 105 户 113 座旧农宅统一按青瓦、白墙、黄檐板的风貌进行改造，亮化房屋 260 座，修建公厕 1 座，安装围栏 126 米。形成了绿树掩映、小石铺路、曲径通幽、小桥流水、干净整洁、自然和谐的美丽乡村。

严家坝村新貌

大力培育富民产业。坚持做大核桃产业，对全村核桃树进行清园、刨根、施肥、剪枝、涂白、刮翘皮、砸虫卵、除杂疏密等综合管理，提高核桃产量，2013 年全村仅核桃产业一项人均收入就达到1867元。发展板蓝根、天花粉、瓜蒌等中药材种植 600 亩，27 户农民组建了全县首家中药材专业合作社——康县富民中药材专业合作社，采取“公司 + 合作社 + 基地 +

严家坝村核桃树

农户”的经营模式，为村民提供了在家门口挣钱的好机会。同时通过发展农家乐、农家客栈、特种养殖、特色农产品等旅游服务业，让旅游产业成为增收致富的新产业。

（七）美丽乡村——桂花庄

白杨乡桂花庄村位于百公里生态旅游风情线康阳路 47 公里处，有 5 个合作社 131 户 525 人，曾为枫香岭乡驻地，原名为枫岭村，历史文化底蕴深厚，村内有一棵据考证有近 1500 年历史的桂花树，每当花开时节，香飘十里，引来不少游客驻足观赏，由此得名为桂花庄。

2013 年，县上将桂花庄列为美丽乡村精品村进行创建，县文体局双联，文体局和教育局帮建。在美丽乡村建设中，该村把整个村庄当作一个景区来打造，以创建生态旅游精品村为目标，综合利用山、水、石、古树等独特的自然资源，高标准规划，精细化雕琢，精心打造 “房在景中、景在绿中、人在画中”的具有康县南部风情特色的原生态精品旅游村。

桂花广场

1. 准确目标定位，绘就发展蓝图

桂花庄境内山高岭深，溪流潺潺，奇石遍布，树木茂密，四季清幽，环境优美，过去由于土地少而瘠薄，村民们守着青山秀水受穷。怎样让这滴翠的青山、纯净的空气、清澈的溪水、原生态的奇石、千年的古树产生更大的效益，让桂花庄百姓的腰包更加殷实，过上幸福美好的日子，成为县乡村各级领导共同思考的问题。在全面调查研究的基础上，根据该村地处阳坝梅园沟国家4A级风景区交通线上的区位优势和生态优势，确定了打造生态旅游精品村的目标定位。

2. 破解交通瓶颈，开启发展之门

优越的生态环境、美丽的自然山水吸引了越来越多的都市游客，可窄曲的泥泞小道成了最大的制约因素。于是，乡村两级积极争取项目，筹集道路建设资金。2013年，该村依托“一事一议”财政奖补项目，启动了村内道路建设工程。通过广大干部群众的努力，修砌护坡830多米、1860立方米，硬化村内道路6270立方米，建成了以环村道路为主线、通社入户道路全覆盖的村内路网，大大提升了村内道路的通行能力。同时，高标准修建休闲旅游栈道583米，安装仿木护栏2930米，修建景观桥4座，铺设原生态石子路1500米，有力改善了群众生产生活条件，为建设生态旅游专业村打下了坚实的基础。

桂花庄状元桥

3. 注重精细打造，提升特色品位

桂花庄的美丽乡村建设从村庄公共设施完善、环境整体美化、卫生长效保洁、产业扶持发展着手。

一是科学化设计。为确保规划的前瞻性、延续性，邀请资深规划设计人员，根据村内山、水、树木自然特点和当地民俗民风，编制了《桂花庄生态旅游村村庄建设规划》，从全村整体自然资源优势着眼，从山水、树木、景观、村居民舍、民俗文化等方面挖掘，为每户量身打造设计方案，充分体现“一处一景”“一户一品”的特色。

桂花庄人行步道

二是精细化打造。“桂花庄景区”最大的优势是原生态的山、水、树、石，最大的亮点是千年桂花古树，而打造手法直接关系到建设档次和质量。为了达到最好的建设效果，该村处处体现大绿野趣、生态自然的理念，保持村庄原生态，处处体现精巧，“不砍一棵树，不埋一眼泉，不毁一株草，不挪一颗石”，溪流、奇石、棕榈、古树、民居动静互衬，相映成趣，构建了动静相融、高低结合、人与自然和谐共处的生态文明新景象。

4. 探索发展模式，拓宽增收渠道

在创建精品生态旅游村过程中，怎样发展产业，把生态优势转化为经济资源，成为乡村班子思考的新问题。

一是以建设美丽乡村为契机，将整个村庄作为一个旅游景区来打造，在环境整治中，注重增设硬件设施，建成文化活动广场 8 个、停车场 1 个，创办农家乐 1 家。

二是发展特色产业，实现多种经营，鼓励农户发展大鲵生态养殖和室内散养，嫁接栽植核桃树优良种苗 3000 株，种植天麻 200 多亩，发展食用菌 1300 架，创办土特产超市，开发旅游产品，逐渐拉长休闲旅游产业链条，全村百姓从中得到了实实在在的收益。

如今的桂花庄完成了农网改造，实施了房屋风貌、庭院和危旧房改造及美化亮化工程，建成了综合服务中心、休闲广场和花园景观，村容村貌整洁，生态环境优美，村风民风和谐文明，农民收入快速增长，群众的幸福感和优越感极大增强，实现了村美民富的目标。

（八）美丽乡村——徐罗

望关镇徐罗村位于康县北山区，江武公路西侧，全村辖 5 个自然村共 98 户 402 人，平均海拔 1500 米，年均降雨量 800 毫米，耕地面积 620 亩，山高坡陡，自然条件严酷，属典型的高半山地区。

在“5・12”特大地震中，徐罗村 98 户群众的住房受到不同程

徐罗村全景

度的损坏。完成灾后重建任务后，徐罗村把开展乡村清洁活动作为山区美丽乡村建设的有效载体和重要抓手，因地制宜，集中力量，以拓建硬化村社道路及入户巷道为突破口，分步实施了村内绿化、庭院美化、房屋亮化等工程，高标准配套建设休闲娱乐文化广场，积极推广沼气、太阳灶等清洁能源。拓建硬化环村道路 11 公里（江武路—罗山—阳山—江武路），自筹资金、投工投劳硬化村内入户巷道 4 公里，组织村民先后亮化房屋 4630 平方米，拆除危旧房 228 间 4560 平方米，硬化村内道路 3800 平方米，修建花园 48 座 312 平方米，修建沼气池 60 座，圈舍 450 平方米，鸡圈 48 个 160 平方米，改水 48 户，改厕 48 户，修建标准化水冲式厕所 48 个，栽植行道树 1000 余株，配发垃圾桶 98 个，修建垃圾池 6 个、垃圾处理场 1 个，建设 300 平方米文化活动广场 1 处。

徐罗村一角

如今的徐罗村，一条条平整的水泥路连着农家小院，一幢幢拔地而起的房屋掩映在绿树丛中，房前屋后绿树成荫、花团锦簇，干净整洁。

全力打造以核桃、花椒、马铃薯为主的特色产业基地，依托核桃树“双十”工程，全面落实核桃树综合管理各项措施，积极开展核桃树高接换优，培训核桃树嫁接技术能手 60 余人，嫁接良种核桃 8000 余株，核桃已成为村民增收的骨干产业，2015 年核桃总产量将达到 8 万斤，产值达 80 余万元。在大力发展核桃产业的同时，徐罗村还大力发展花椒、马铃薯产业，种植花椒 2 万余株，年产量达 5000 斤，产值达 15 万元，新建冬播洋芋育种基地 300 亩，年产量达 60 万斤，产值达 30 万元。同时，大力发展劳务输出，户均向外输出 1 个劳动力，年均带回务工收入 150 万元，农业特色产业和劳务输出盘活了经济、增加了村民的收入。

不断健全完善环境整治村规民约及环境卫生管理制度，研究制定了《徐罗村农户环境卫生评比标准》《环境清洁“十问”》《环境卫生管理制度》等办法，在全村范围内民主评选出村级环境卫生评比领导小组，制定了环境卫生评比表、签订了环境卫生三包责任书，确定了 3 名村级环保员，配齐架子车、铁锨、扫把，落实了环保经费，村里的环境卫生做到了定期打扫。创造出了后来被广泛推广的“徐罗经验”。

徐罗村远眺

（九）美丽乡村——何家庄

王坝镇何家庄村位于白望路沿线，距县城 6 公里，全村 5 社 311 户 1161 人，以传统种植业和劳务输出为主。村内环境脏乱差，群众增收单一，矛盾纠纷不断，是当地有名的烂摊子、后进村。2014 年在县委农办和县财政局的帮助下创建了美丽乡村。

何家庄乡村记忆馆

坚持一手抓基础设施建设和环境整治、一手抓产业培育。采取“1+1+N”（一个项目、一个负责技术员、多个群众投工投劳）建设模式，因地制宜、就地取材，打通并加宽了杜家沟至朱家庄联社路 2.7 公里；铺设广场 710 平方米，修建垃圾房 14 座，文化墙 68 平方米，修建木头栏杆 510 米，绿化空地 460 平方米，拆除危旧房屋 23 间；修建护路护村河堤 2.8 公里，

何家庄河道

砌石坎 200 米；平整村级文化广场 5 处 3000 米，并分别以仁、义、礼、智、信命名；砌花院墙 600 米；亮化房屋 323 座 969 间，旧房坐脊压四带 134 座 405 间，完成平改坡 69 户 217 间。

何家庄乡村旅游公司

组织发动群众对核桃树进行幼树整形修剪、老树更新复壮和刨根、施肥、病虫害防治等综合管理，培训农民技术员 200 多人次，高接换优核桃树 1000 余株，为核桃增收打下坚实基础；发展生态旅游，形成有规模的农家乐和农家客栈 2 家；加强劳务技能培训，使青壮年劳动力普遍掌握一两门实用技术。

（十）美丽乡村——朱家沟

白杨乡朱家沟村距白杨乡政府驻地 3.5 公里，位于康县南部地区。辖朱家沟、张家沟、七包山等 3 个自然村 113 户 383 人，其中，贫困户 43 户

172 人，贫困率为 44.9%，属于建档立卡贫困村。耕地 770.89 亩，有林地 4638.4 亩，经济收入以天麻、食用菌、中药材、畜牧养殖和外出务工为主。

朱家沟村古文化和古生产极为发达。村内中心位置遗存有保留完整的清末建造的古宅院两处，通过它们，充分展示了康南古建筑特色和工艺，也反映着历史的沧桑和远去的繁华。该村据说最早有九眼泉，一年四季泉水从不干涸，水味甘甜，从历代开始，就开始以此水为源，酿造康南土酒，现留存完整的酒坊 1 处。传说饮用此泉水延年益寿，也因此，该村高龄老人数量居全乡之首。现留存古代造纸作坊 1 处、电站 1 处、水磨 1 座、铁艺加工作坊 1 处，这些古村作坊至今仍然被当地群众使用，为群众提供着便利，也充分真实地反映着该村先辈们的聪明智慧和工艺技术。民间文化主要有康南花鼓、神舞、毛山歌、霸王鞭、木笼歌等，崇尚“男嫁女娶”的婚嫁风俗。

造纸坊

2015 年被列为古村修复型美丽乡村示范村进行建设，村容村貌和群众的精神面貌发生了翻天覆地的变化，朱家沟从一个偏远、贫穷、落后的小山村，发展成集特色产业、旅游观光、休闲娱乐、养生度假于一体的原生态旅游胜地。硬化入村道路 3.5 公里，建成党员活动站 1 座；建设农户安全用水入户工程 65 户；新修活动广场 550 平方米，健身广场一处，安装健身器材 6 套；硬化入社路 3600 米；新修栈道 128 米，入户道路 1200 米，边沟 2.9 公里，便民景观桥 3 座；古村引流防火水渠 500 多米；修建村史馆 1 座，设置大型宣传牌 8 个；危旧房改造 57 户，庭院美化 35 户；修建水磨、瀑布、古泉等景观小品 4 个；清理拆除

酿酒坊

圈厕 35 个，新建圈厕 18 个，新修公厕 1 座；修建垃圾池 5 个、垃圾收集点 15 个，建设垃圾集中处理点 3 个，配备 2 名保洁员负责村内卫生的管理和垃圾的处理；新建停车场 2 个；栽植行道树 600 余株，

朱家沟村步行栈道

绿化面积超过 3800 平方米；发展魔芋种植 80 亩，栽植樱桃树 5000 多株。

走进今日朱家沟，最早的手写本康县县志、青石板上的上百年老宅、近百年的“三寸金莲”绣鞋、十六代人的家谱祖训共同诉说着朱家沟的历史变迁，老石磨、古老的造纸术、“二脑壳”的制酒作坊、古老的“乐器盒”、收庄稼时用的“噻筒”、传统制作瓦片的模具“瓦筒筒”、收蜜蜂的“蜂篼”等一件件农村生产、生活中的“老物件”，扑面而来的是实实在在的乡愁记忆、原汁原味的农耕文化。

第六章　美丽乡村建设制度

从生态文明新农村建设到美丽乡村建设，康县制定的基本建设制度只有《康县生态文明新农村建设项目申报审批办法》《康县生态文明新农村建设项目资金筹集管理办法》《康县生态文明新农村建设验收及奖励（暂行）办法》《康县生态文明新农村建设工作考核办法》、《康县生态文明新农村公益设施管护办法》《康县关于开展“六争六评”竞赛活动的安排意见》《康县进一步加强“四有型”基层党组织建设的意见》七项。制度虽然数量不多，但每一项都经过实践反复总结提炼而成，非常管用。就像建设规划一样，每一项乡村建设制度一 经确定，一般不再轻易改变，一管多年。制度的稳定性，确保了美丽乡村建设的延续性，不折腾，这实际也就是康县模式最基本的特点之一。事实上，康县关于美丽乡村建设的每一项制度也各具特点，有着很强的借鉴价值。因此，本章精选出指导康县美丽乡村建设的一些基本制度，以飨读者。

制度之一

康县生态文明新农村建设项目申报审批办法

生态文明新农村建设项目原则上从“一事一议”财政奖补项目库中选择，优先选择受益面大、村两委班子得力、群众积极性高的村社，分步实施，重点突破，不断提高项目的覆盖面和收益面。

第一条 生态文明新农村建设项目实行村级申报、乡镇初审、县上审批的管理制度。

第二条 村民委员会负责组织村民议事，提出生态文明新农村建设项目申请，具体项目可由村民委员会提出，也可由受益自然村或部分受益群众提出，并通过召开村民大会或村民代表会议，按照民主程序议定。

第三条 村民议定通过后，由村民委员会填写《康县生态文明新农村项目建设申请表》并附申请奖补资金报告、项目建设规划设计方案、项目建设预算、项目建设公示资料并附图片、筹资筹劳方案、村民会议或村民代表会议记录、村民或村民代表签字记录，报项目村所属乡镇人民政府进行审核，乡镇对村级申报的生态文明新农村建设项目的真实性、可行性、有效性等进行初审后，向县农村综合改革领导小组办公室和生态文明新农村建设领导小组办公室提出项目建设申请。

第四条 县农村综合改革领导小组办公室和生态文明新农村建设领导小组办公室共同对乡镇上报的生态文明新农村项目建设申请进行审核，审核汇总后报生态文明新农村建设领导小组审定，领导小组审定后提交县政府常委会研究后发文批复立项。

第五条 生态文明新农村建设项目立项批准后，各乡镇和项目村的村委会要在充分征求群众意见的基础上，聘请规划设计专业队伍编制建设规划和施工设计，并报生态文明新农村建设领导小组（以下简称领导小组）审批。

第六条 规划方案经领导小组同意后，由乡镇和村社负责制定《实施方案》，明确建设内容、投资额度和建设时限，上报领导小组审批。

第七条 《实施方案》经领导小组审批后，领导小组办公室下发审批文件。对按程序需要上报省市解决的建设项目，由办公室负责将《实施方案》所涉及的项目按照业务分类分布下达到县主管部门，由主管部门牵头，有关单位和乡镇配合，按照项目申报程序分别向省、市有关部门申报立项，争取建设资金。

第八条 领导小组办公室要会同有关单位和乡镇根据项目村上报的建设规划、《实施方案》、项目建设资金需求额度，制定本年度项目建设计划，报领导小组审核，汇总提交县政府常务会和县委常委会研究审批，研究审批后由领导小组办公室和项目主管单位联合行文下达《项目建设投资计划》，分别由乡镇和有关单位组织实施。

第九条 生态文明新农村项目一经审批原则上不得增减，建设过程中确需增加工程量或项目的，乡镇应在开工前 3 日内向领导小组办公室写出工程增量或增加建设项目的申报报告，经分管领导签字同意后报领导小组办公室审批，领导小组办公室收到报告 2 日内完成审批并及时通知乡镇，乡镇接到批复通知后才能开工建设。对批准的建设项目和规划必须在规定的时限内完成建设任务。

第十条 对未经规划设计和未按程序审批擅自开工建设的项目，年底也不再进行验收，由建设单位自行解决项目建设资金。

第十一条 县直单位和部门负责实施的新农村建设项目，责任单位和部门必须按要求筹措资金，依照批准的规划和方案落实建设任务。联村单位负责人必须从单位或其他渠道为联系村筹集一定的资金支持新农村项目建设，不能挤占财政奖补项目和资金。帮建项目和资金完成情况及时上报领导小组办公室。

第十二条 积极鼓励民营企业、能人大户和工作人员捐资、捐物帮建新农村。乡镇和项目村负责人及时准确上报建设规划、资金使用计划和捐资捐物额度数量。

制度之二

康县生态文明新农村建设项目资金筹集管理办法

为了确保康县生态文明新农村建设任务的顺利实施，探索和建立以农民投入为主，政府补助为辅，社会各方支持的多渠道筹集建设资金的融资机制，强化项目整合和资金筹措力度，规范资金使用，提高资金效益，根据国家有关资金管理使用及工程管理的相关规定，特制定本办法。

第一章 实施原则

第一条 康县生态文明新农村建设项目管理及资金筹集必须坚持以下六项原则：

（一）规划先行的原则。生态文明新农村建设过程中，要坚持做到没有规划不设计，没有设计不审批，没有审批不建设。在项目审批中，按照先审批规划设计，再根据规划设计审批实施方案的程序。

（二）资金整合的原则。凡是用于农村建设的各类项目资金原则上整合到新农村建设中，按照“集中管理、分类申报、渠道不乱、用途不变、各记其功”的原则，优化项目资源配置，确保新农村项目建设的资金投入。

（三）群众投入为主原则。生态文明新农村建设项目村必须发动群众筹资投劳，以群众自建为主，坚持群众建设、群众管理、群众受益，县乡政府协调指导、县直部门帮扶帮建、财政资金适当补助的办法，充分发挥群众在新农村建设中的主体作用。

（四）因地制宜，突出特色的原则。按照建设康县生态旅游大景区的要求，重点村建设要因村施策，要与当地的自然资源优势和文化特色相结合，与灾后重建相结合，与旅游开发相结合，与产业发展相结合。在建设过程中，重点突出“四化四改六有五进一出六配套”基础性建设项目。要注重保留具有当地特色的民宅民居，挖掘具有一定影响的历史文化资源，适当保留部分地震灾害遗址，力求做到一村一景、一村一馆、一村一品、一村一业。

（五）分步实施，量力而行的原则。要根据各级政府资金投入和群众自筹能力，分阶段稳步推进，逐步提高建设层次和水平。政府资金按照“精品村—示范村—达标村”的顺序进行验收和补助。

（六）动态管理的原则。对各项目村经过群众“一事一议”申请，乡镇审核上报县委、县政府确定的重点村，经考核验收达不到建设标准的，要限期整改，在整改限期内仍未达到标准的，要调减建设补助资金，降低补助标准，并追究相关乡镇主要领导责任。示范村和达标村及其他有条件的村社根据建设情况可申请建设精品村，经考核验收合格后，原则上可提高资金补助标准，追加建设资金。

第二章　资金筹集

第二条　重点村建设项目资金从以下几方面筹集：

（一）上级财政专项资金。对符合国家投资条件的通村道路修建硬化、河堤、桥梁、护坡、渠道、人畜饮水、圈厕、村级组织活动室、卫生室、五保家园、活动广场、公共厕所、健身器材以及产业开发等基础设施建设项目，由各项目主管部门牵头，乡镇、村社配合，积极争取通过列入国家和省、市投资计划解决建设资金。

（二）整合部门资金。凡是用于农村建设的各类项目资金原则上整合到重点村建设，按照“集中管理、分类申报、渠道不乱、用途不变、各记其功”的原则，优化项目资金配置，确保新农村建设的资金投入。

1. 村内道路和巷道的维修、拓宽、硬化，村内小型桥涵、排水渠、护村护庄河提、谷坊、小规模挡墙、护坡，文化活动广场、文化活动室、村史展览馆，路灯、标示标牌、景观小品等公益设施项目由县财政局争取“一事一议”财政奖补资金解决建设资金。

2. 村内垃圾房、垃圾池、垃圾箱、垃圾车、环保公厕、污水处理、水源地保护以及村内绿化美化等建设项目由环保局争取国家乡村环境综合整治项目解决建设资金。

3. 村内农户危房改造、墙体亮化、庭院美化和圈厕改造、沼气池建设项目由住建局、扶贫办、农牧局争取项目筹集建设资金，并和乡镇共同负责项目实施。

4. 经县委、县政府确定整片、整流域新农村建设项目区，跨村以上且投资额度上在100万元以上的道路、河堤、桥梁、滑坡治理由县发改委负责牵头，项目主管部门和实施单位配合争取建设资金并实施项目。

5. 全县新农村建设项目村内的绿化和行道树栽植由县林业局负责筹集资金，落实树苗和草籽，并指导乡镇、项目村具体抓好项目实施。

6. 村级组织活动室、卫生室、文化活动室和文化体育活动设施由项目主管部门负责立项解决，不足部分由县财政安排资金进行配套。

（三）借贷资金。对重点村建设方案已经批复并已纳入今后建设计划的项目，允许乡镇政府通过借、贷或施工单位垫支的方式提前实施，待项目资金下达到位后归还。信贷部门要对重点村建设贷款予以优先安排，扶贫部门要对重点村建设贷款予以贴息支持，并积极探索和建立乡镇担保、村用户还的信贷机制，拓宽融资渠道。

（四）本级财政资金。县财政每年筹措不低于2000万元的财政自有资金支持重点村建设。对经考核验收达到创建标准的重点村给予奖励补助，奖补资金主要用于归还重点村建设贷款、工程欠款、规划设计费用、项目建设和对在重点村创建活动中做出突出贡献的先进个人进行奖励。

（五）社会捐助资金。要广泛动员社会各界人士、工矿企业和能人大户捐款捐物用于清洁活动重点村项目建设。积极开展修纪念路、建功德桥、纪念广场和纪念亭，植纪念树等公共设施捐建命名活动。

（六）单位帮建资金。联乡包村的帮扶单位都要结合各自的情况制定帮建计划，落实帮建项目，大力支持重点村建设。每个联乡包村单位要按照“125”的总体要求帮助所包村社解决1个项目的建设资金，帮列2个建设项目，帮扶5户示范户，并把帮建情况纳入年度对部门主要领导考核的重要内容。

第三章　资金拨付

第三条　国家专项建设资金的拨付，由领导小组办公室加注意见后再按规定程序进行拨款和报账。

第四条　财政用于生态文明新农村建设的专项资金实行专户储存，专款专用，由领导小组副组长（县长）一支笔审批。

第五条　资金支付实行县级报账制。新农村建设中的专项资金和“一事一议”财政奖励资金实行县级报账制。项目村按照县财政部门县级报账的要求，项目验收后，持经县领导小组办公室审核批准的项目规划、实施方案、项目预算、验收清单、工程发票、投资投劳花名册等相关资料到县财政局报账。核销后资金由财政局直接支付到项目村或施工方账户。

第六条　县直单位和部门负责实施的新农村建设项目，原则上仍按原资金渠道和管理办法支付报账。生态文明新农村建设领导小组办公室只负责项目的落实和督查。

第七条　捐助和帮建资金由乡镇政府出具资金收入收据和证明、资金和实物（折价）应存在乡镇财政所开设的村级经费专户中，由乡（镇）新农村建设领导小组安排使用，资金报账由乡（镇）长签字审批。

第八条　用于重点村建设的各类项目资金拨付，一律按项目实施进度实行分期分批拨付制，即：项目开工前，首次预付20%的项目建设启动资金；项目主体完工后，再预付50%的项目建设资金；

项目竣工验收后，按实际工程量支付剩余30%的建设资金（有质量保证金要求的项目资金，按相关规定支付剩余资金）。

第四章　监督管理

第九条　县审计、纪检、监察等部门要将新农村建设项目及资金纳入监管范围，加强监督、检查和审计，保证资金及时足额到位，专款专用。县领导小组办公室、各相关项目主管单位、县财政局和各乡（镇）要切实加强对项目申报、项目实施和专项资金使用的指导和全过程进行监督管理，及时跟踪、评估项目实施情况，按时汇总上报项目进展情况，并全程做好项目建设档案资料的整理、归类和管理工作。

第十条　乡镇和项目实施部门要严格按照县上下达的实施计划和建设要求，制定具体实施方案，严格按规划施工，保证建设质量。项目实施过程中，不得擅自调整项目内容、标准、规划、地点和资金用途。

第十一条　在项目建设过程中，对一些不符合实际确需变更的项目，由乡镇政府负责提出变更意见和建议，经项目主管单位同意并加注意见后，报领导小组办公室初审并提交领导小组审定。

第十二条　重点村建设项目资金实行公示公告制。由乡（镇）、村组织负责，以村为单位，对项目规划、上级资金补助、群众筹资、投工投劳进行事前公示，对项目实施结果及资金使用情况进行公告，接受群众和媒体监督。

第五章　考核验收

第十三条　领导小组办公室要根据重点村建设项目内容，研究制定符合实际的生态文明新农村重点村建设项目考核验收办法，经领导小组会议讨论通过后下发执行。

第十四条 重点村建设项目考核验收分年度任务完成情况考核和竣工验收两个层次进行。年度和阶段性考核由领导小组在年初制定考核计划，按计划进行定期和不定期考核；竣工验收考核由乡镇提出考核验收申请，经领导小组办公室按实施方案进行初验，初步验收合格后再提请领导小组抽调专人组成验收工作组，按生态文明新农村建设工作考核指标与办法对所涉及的内容逐项打分验收考核。

第十五条 对验收中出现的建设项目的实际工程量与已经批复的《实施方案》的计划工程量误差率超过 5% 的，按实际误差率扣减补助和建设资金。

第十六条 对无规划设计、无实施方案、无批复文件的“三无”项目，原则上不予验收。

第十七条 对按期完成建设任务，达到建设要求标准的精品村、示范村和达标村，由县委、县政府进行授牌，实行挂牌管理。

第六章 附 则

第十八条 本办法由县领导小组办公室负责解释。

第十九条 本办法自印发之日起试行。

第二十条 各乡镇及有关单位在执行的过程中对发现的问题要及时向领导小组反馈，以便进一步修改完善。

制度之三
康县生态文明新农村建设验收及奖励（暂行）办法

第一章　总　则

第一条　为了加强对生态文明新农村精品村、示范村、达标村创建工作的管理和监督，规范验收程序，促进生态文明新农村重点村建设项目及时投入使用，提高工程质量和投资效益，确保生态文明新农村建设各项任务全面完成，特制定本办法。

第二条　本办法适用于生态文明新农村创建任务完成的精品村、示范村和达标村的验收、奖励及授牌。

第三条　县生态文明新农村建设领导小组办公室（以下简称新农办）负责全县生态文明新农村建设项目验收组织工作。验收结果上报领导小组审批后，进行奖励和授牌管理。

第二章　验收依据

第四条　生态文明新农村建设精品村、示范村、达标村验收的主要依据是：

1. 生态文明新农村建设项目申报审批办法。

2. 康县生态文明新农村建设精品村、示范村、达标村建设任务年度推进计划。

3. 生态文明新农村精品村、示范村、达标村建设规划和实施方案。

4. 康县生态文明新农村精品村、示范村、达标村创建标准。

5.《康县生态文明新农村重点村项目建设计划》。

6.《康县生态文明新农村重点村项目建设资金筹集管理办法》。

第三章　验收条件

第五条　生态文明新农村建设精品村、示范村、达标村的验收必须符合以下条件：

1. 按精品村、示范村、达标村创建标准要求达到了建设目标。

2. 按审批的建设规划内容完成建设任务，并能确保投入使用。

3. 村内主干道路硬化、环保设施、水利设施等国家投资建设的公共基础设施项目通过主管部门专项验收。

4. 档案资料齐全、完整。

5. 长效管理机制已建立并正常运转。

第四章　验收内容

第六条　生态文明新农村建设验收分三个阶段进行，每个阶段量化打分验收，设总分值 100 分。

一、第一阶段主要验收基础设施建设（100 分）

（一）基础工作(10 分)

1. 组织机构（1.5 分）。

2. 规划设计（4 分）。

3. 方案制定（1.5 分）。

4. 宣传工作（1.5 分）。

5. 档案资料建设（1.5 分）。

（二）四化工程（22 分）

1. 道路硬化率达到 100%（7 分）。

2. 环境净化（3 分）。

3. 空地绿化（8 分）。

4. 院落美化（4 分）。

（三）四改工程（20 分）

1. 改灶（3 分）。

2. 改厕（4 分）。

3. 改圈（4 分）。

4. 改庭院（9 分）。

（四）房屋风貌改造(20 分)

1. 屋顶改造（5 分）。

2. 墙面改造（5 分）。

3. 危房拆除（5 分）。

4. 旧房亮化（5 分）。

（五）公共服务设施建设(28 分)

1. 形象大门（2 分）。

2. 村内标志牌（2 分）。

3. 公共厕所（3 分）。

4. 活动广场（5 分）。

5. 公共健身器材（3 分）。

6. 村级活动室、计生室、卫生室、五保家园（6 分）。

7. 路灯（3 分）。

8. 垃圾处理设施（4 分）。

二、第二阶段主要验收产业配套建设（100 分）

（一）产业发展规划和产业配套建设实施方案（10 分）

（二）村主导产业优势明显，具有一定的规模和效益，户有稳定的增收项目（40 分）

（三）产业大户建设(15分)

（四）特色产业示范点创建(15分)

（五）科技培训(10分)

（六）全村经济总收入及人均纯收入增长(10分)

三、第三阶段主要验收长效机制建立（100分）

（一）长效管理机制建立及效果（60分）

1. 环境卫生清扫制度的建立（10分）。

2. 保洁员确定（15分）。

3. 环境卫生保持效果（20分）。

4. 公共服务设施的保护（15分）。

（二）文明村社建设（40分）

1. 农民综合素质教育培训（5分）。

2. 星级文明户创建（10分）。

3. 平安村创建（5分）。

4. 文明乡村创建（10分）。

5. 生态文明村创建（10分）。

第五章　验收程序

第七条　竣工验收程序：

1. 已全面完成阶段性创建任务的重点村，由村委会或乡镇提交验收申请报告及自查自验相关材料，新农办在接到申请报告后，15日内与有关单位协商，确定验收时间、地点及验收工作组人员，分发竣工自验材料。

2. 赴重点村现场逐项进行验收。

3. 召开验收工作会议，听取相关汇报。

4. 验收中如发现项目建设存在一定的问题，村委会或乡镇应按照验收会议的要求和意见进行整改，整改完成后再次进行验收。

5. 新农办将验收结果上报领导小组，由领导小组讨论研究审定后，行文通知，兑现奖励。

6. 三个阶段创建任务全面完成，并全部通过验收后，经领导小组审定后，报县委、县政府审批，由县委、县政府授牌，实行挂牌管理（管理办法另行制定）。

第六章　验收标准

第八条　精品村、示范村和达标村的评定条件。

1. 精品村

完成了规划设计和实施方案的全部建设内容，房屋风貌改造、道路硬化、空地绿化、庭院硬化和美化任务全部完成，房屋亮化档次高，亮化率 100%，街面整洁达到“七无”，即：设施无斑垢、无破损，街面无污水、无垃圾、无乱停乱放、无乱搭乱建、无乱堆乱放，门前三包责任落实达到 100%，旧房亮化率达到 100%，影响村容村貌的旧房及危房拆除率达到 100%，村名牌及各种标识牌齐全，且验收得分在 95 分以上。

2. 示范村

完成了规划设计和实施方案的全部建设内容，道路硬化、庭院硬化和美化任务全部完成，房屋亮化档次较高，亮化率达到 85% 以上，绿化率达到 80%，街面整洁基本达到“七无”，即：设施无斑垢、无破损，街面无污水、无垃圾、无乱停乱放、无乱搭乱建、无乱堆乱放，门前三包责任落实达到 100%。旧房亮化率达到 80%，影响村容村貌的旧房及危房拆除率达到 80%，村名牌齐全，各种标识牌基本齐全，且第一阶段验收得分在 85 分以上。

3. 达标村完成了规划设计和实施方案的全部建设内容，村内主干道路硬化全部完成，入户道路硬化达到 60% 以上，交通通畅，无影响行车行人安全的隐患，绿化率达到 70%以上，街面整洁达到“七无”，门前三包责任落实达到 100%，旧房亮化率达到 70%，影响村容村貌的旧房及危房拆除率达到 70%，且验收得分在 75 分以上。

第七章　组织机构

第九条　生态文明新农村重点村验收由主持验收的新农办成立验收工作组开展。工作组设组长一名，由主持验收部门的负责人担任，副组长若干名。验收工作组由发改、财政、建设、国土、审计、农办、环保、卫生、档案、文明办等单位人员组成。

第八章　奖项设置

第十条　精品村、示范村、达标村奖项设置：

1. 精品村设奖补资金 30 万元，奖补资金按第一阶段创建任务完成奖 60%，第二阶段创建任务完成奖 20%，第三阶段创建任务完成奖 20% 的比例，分三次兑现。

2. 示范村设奖补资金 20 万元，奖补资金按第一阶段创建任务完成奖 60%，第二阶段创建任务完成奖 20%，第三阶段创建任务完成奖 20% 的比例，分三次兑现。

3. 达标村设奖补资金 5 万元，创建任务完成后一次性验收，按得分高低一次性兑现奖补资金 5 万元（具体办法另行制定）。

第十一条　三个阶段验收总分在 280 分以上的，由县委、县政府授生态文明新农村建设精品村牌子进行管理；三个阶段验收总分在260分以上的，由县政府授生态文明新农村建设示范村牌子进行挂牌管理。

第十二条 精品村、示范村实行动态管理。

1. 精品村、示范村、达标村的确定严格按照规定进行验收，按实际得分进行认定。对相关文件确定为示范村或达标村，经验收实际得分达到精品村或示范村标准的，分别按精品村或示范村奖励标准，兑现奖补资金；对相关文件确定为精品村，但经第一次验收，未达到精品村标准，仅分别达到了示范村、达标村创建标准的，按示范村、达标村兑现奖励；经继续创建不断完善，在规定的时间内提高了建设档次，并经第二次验收，达到精品村、示范村创建标准后，按精品村、示范村奖励标准，补足奖补资金的差额部分。

2. 精品村、示范村和达标村创建任务完成后，随时申请，随时验收，随时兑现奖励。

3. 生态文明新农村建设精品村和示范村授牌管理后，每3年进行一次资格复核，如果长效管理不到位，建设成果保持较差，限期整改，整改后仍达不到整改要求的，实行摘牌，并追究相关领导责任，扣减追回奖励资金（具体办法另行制定）。

第九章 资产移交

第十三条 生态文明新农村建设项目固定资产移交按下列程序进行：

1. 固定资产移交由村委会、乡镇和项目建设单位组成的交接小组负责，新农办派有关负责人参加并担任组长。

2. 交接小组根据实施方案、审批文件和规划设计图及验收结果，对列入移交项目的资产逐项核查，确认后办理资产移交相关手续，正式纳入村级集体资产进行管理，县新农办、乡镇和村分别建立固定资产台账。

第十章　验收要求

第十四条　各有关单位和乡镇对生态文明新农村重点村建设验收工作必须高度重视，严肃对待，自验报告和上报数据必须真实准确，符合实际。凡在验收中弄虚作假，虚报浮夸的单位和个人，一经查实要取消受奖资格，并追究相关人员的责任。

第十五条　各验收组工作人员在验收中，必须坚持验收原则，不打人情分，不搞一刀切，不徇私舞弊，确保验收工作准确、真实。

第十一章　附　则

本办法自公布之日起实施，由县生态文明新农村建设领导小组办公室负责修订和解释。

制度之四

康县生态文明新农村建设工作考核办法

为了认真贯彻落实县委、县政府生态文明新农村建设工作目标责任，不断建立完善生态文明新农村建设的绩效考核工作奖罚体系和机制，客观、公正地全面检查评比各项建设目标完成情况，以考核促建设，调动全县广大干部群众的积极性，加快推进康县生态文明新农村建设工作，确保生态文明新农村建设各项任务全面完成，特制订《康县生态文明新农村建设工作考核办法》（以下简称《考核办法》）。

第一章　考核基本原则

第一条　生态文明新农村建设绩效考核必须坚持实事求是，客观公正的原则；坚持专项检查、半年检查与年终综合考核相结合，阶段性考核与竣工验收考核相结合的原则。细化考核内容，统一考核标准。

第二章　考核对象

第二条　《康县生态文明新农村建设实施意见》和《2012年康县生态文明新农村建设重点村建设项目计划》确定的21个乡镇以及精品村、示范村、达标村的生态文明新农村建设的第一责任单位和第一责任人，第二责任单位和第二责任人两类。各乡镇党委、政府为第一责任单位，乡镇党委书记、乡镇长为第一责任人；相关部门、联乡县级领导和部门领导为第二责任人。

第三章　考核内容

第三条　生态文明新农村建设年度考核内容：

一、考核乡镇的主要内容

1.《2012年康县生态文明新农村重点村建设项目计划》确定的精品村和示范村及达标村。

2. 康县生态文明新农村建设精品村和示范村创建标准。

3. 具体内容为：基础工作、重点村建设（重点考核“四化四改六有五进一出六配套”工程的完成情况）、公路沿线村庄环境整治、乡镇政府所在地环境整治、长效管理机制的建立和制度落实情况。

二、考核联乡部门的主要内容

1. “125”（落实1个项目建设资金、帮列2个建设项目、帮建5户示范户）帮扶任务的落实情况。

2.《2012年康县生态文明新农村重点村建设项目计划》中下达的需部门列项解决的项目任务落实情况。

第四条 考核分值：

一、乡镇考核指标分值设置

根据2010年农业农村经济工作目标管理责任书中的分值设定，生态文明新农村建设分值为230分，其中：年终考核组考核得分190分，平常督查、检查及观摩评比占30分，分管领导评价10分。

（一）基础工作(33分)

1. 组织机构（3分）。

2. 规划设计（20分）。

3. 方案制定（4分）。

4. 宣传工作（2分）。

5. 档案资料建设（4分）。

（二）重点村建设(90分)

《2011年康县生态文明新农村重点村建设项目计划》中确定的精品村、示范村、达标村年度建设任务完成情况，按生态文明新农村建设精品村和示范村及达标村创建标准进行考核，加权平均计分。

（三）公路沿线村庄环境整治(22分)

1. 危房拆除（8分）。

2. "三乱"治理（8分）。

3. 环境美化、净化（6分）。

（四）乡镇政府所在地环境整治(20分)

1. 环境卫生整治（10分）。

2. 市场秩序、交通秩序整治（10分）。

（五）长效管理机制的建立和制度落实情况（25 分）

二、联乡部门考核指标分值设置（100 分）

1.“125”帮扶工作任务落实（80 分）

（1）“125”帮扶方案制定（10 分）。

（2）5 户示范户帮建任务落实（25 分）。

（3）落实 1 个项目建设资金（30 分）。

（4）帮列 2 个建设项目（15 分）。

2.《2011 年康县生态文明新农村重点村建设项目计划》中下达的项目建设任务落实情况（20 分），根据项目的落实情况，有下列情形之一的，按以下标准评分：

（1）已落实建设资金并开工建设（20 分）。

（2）未落实项目建设资金，但已垫资完成项目建设任务（20 分）。

（3）向县级项目主管部门及市级业务部门上报了立项报告（10 分）。

（4）县级项目主管部门及市级业务部门已列入计划或已转报（15 分）。

实施项目在 2 个以上的实行加权平均计算得分。

第四章　考核依据

第五条　生态文明新农村建设考核依据为：

1. 农业农村经济工作目标管理责任书。

2. 康县生态文明新农村建设实施意见。

3. 康县生态文明新农村建设精品村、示范村、达标村建设任务年度推进计划。

4. 精品村、示范村、达标村建设规划和实施方案。

5. 康县生态文明新农村建设精品村、示范村和达标村创建标准。

6. 2012 年康县生态文明新农村重点村建设项目计划。

第五章　考核方式

第六条　生态文明新农村建设考核采取专项检查、半年评比和年度任务年终考核相结合的办法进行，综合评定得分。

第七条　考核工作要在县委、县政府的统一安排部署下，成立考核领导小组，负责考核工作，领导小组下设办公室，办公地点设在县生态文明新农村建设领导小组办公室，具体负责考核日常工作。

第八条　考核方式：通过现场查看、入户调查走访、听取汇报、查看相关资料数据、召开座谈会等方法，对生态文明新农村建设考核内容中的各项指标完成情况按量化标准计分。

第九条　生态文明新农村建设工作实行单独考核、单独奖励，总分计入农村经济工作综合考核总分值。

第十条　有下列情形的累计加分或扣减分计入生态文明新农村建设考核总分：

1. 工作有创造性，有特色的乡镇，经省级领导同意召开现场会的，加 8 分；经市级领导同意召开现场会的，加 5 分；经县级领导同意召开现场会的，加 3 分。

2. 在半年检查评比中名列前 3 名的加 3 分，排在后 3 位的扣减 2 分。

3. 在生态文明新农村建设观摩评比会上作经验介绍的加 3 分，表态发言的扣减 2 分。

4. 在县以上相关文件、简报中总结推广过经验的，每发一期加 1 分，但最高不超过 3 分，受过通报批评的参照以上分值相应扣减总分。

5. 各乡镇信息、报表报送不及时的扣 5 分。

第六章　奖　罚

第十一条　生态文明新农村建设工作按考核得分排序设置三个等次奖项，奖励 9 个乡镇，分别为：一等奖 1 名，奖金 5000 元，荣誉证书一本；二等奖 3 名，奖金 3000 元，荣誉证书一本；三等奖 5 名，奖金 2000 元，荣誉证书一本。

第十二条　联乡部门按考核得分排序，设置一个等次，奖励 21 个单位，奖金各 1000 元，荣誉证书一本。

第十三条　生态文明新农村建设工作按考核得分排序在后三名的乡镇各扣除补助资金 3000 元，并分别给予通报批评。

第七章　附　则

第十四条　本办法自公布之日起实施，由县生态文明新农村建设领导小组办公室负责修订和解释。

制度之五

康县生态文明新农村公益设施管护办法

为了巩固生态文明新农村建设成果，确保村级公益设施发挥长期作用和环境卫生保持干净整洁，促进生态文明新农村建设工作持续健康发展，特制定本办法。

第一章　基本原则

第一条　坚持建管并重、建管并行的原则。既要注重村级公益事业建设和发展，也要注重村级公益设施管理和维护，实现建设与管护的统一；坚持村级主体、政府主导的原则。坚持村委会是村级公益设施管护的主体地位，充分调动群众自建自管积极性，乡镇政府为村级公益设施管护提供必要的政策、资金和技术支持；坚持结合实际、开拓创新的原则，鼓励以“市场取向，社会化运作”的模式，探索村级公益设施管护新办法，深化农村综合改革。

第二章　政策措施

第二条　管护范围。村级公益设施管护范围主要是对在建和已建成的生态文明新农村的“村内户外”的公益设施进行管护。主要包括村内道路、活动广场、人畜饮水、花园、绿化树、小桥、凉亭、公厕、垃圾房、垃圾池、文化体育等其他公益设施。

第三条　管护主体。通过生态文明新农村建设形成的村级公益设施，由村级组织负责管理。村级公益设施的管护主体是村民委员会，村委会主任是直接责任人。对部分村民自行建成的公益设施，由村委会负责落实管护主体和责任人；对以发包、租赁或民间资本投资并经营的村级公益项目设施，应由承包人、租赁者或经营者管理和维护，村委会负责监督。

第四条　管护标准。依据国家和省有关工程管护标准，按照保障村级公益设施正常运转、发挥长期作用的原则，分类明确管护标准。道路工程要保持路面平整，无杂草、杂物，保持畅通；水利设施要做到定期检查，保证桥、涵、闸、渠、出水口等设施完好，正常运行；绿化树、花园要做到定期修剪，适时浇水、松土，确保林木成活率和保存率；其他公益设施要保证安全，适时维修、维护，保持清洁，确保正常运行和使用。

第五条 环境卫生管护。生态文明新农村建成后，环境卫生是长期特别重要的管护工作，乡、村两级要高度重视，制定相应有效的制度，做到用制度管人管事，确保全村环境卫生干净整洁。一是农户房前屋后的环境卫生、居室卫生由农户自己每天认真清扫，进行周评比、月通报，推动居家环境卫生保持长期的家洁院净。二是村内户外环境卫生，由所在村的五保户、低保户清扫，乡、村两级给予适当补助，确保村内户外环境卫生干净整洁。环境卫生主要以落实管护主体、管护责任为基础，积极探索，开拓创新，建立健全责任明确、制度健全、措施有力的村级环境卫生管护制度。

第六条 管护资金来源。村级公益设施管护资金来源以县、乡、村各级投入为主体，村民投入和社会捐助为补充。一是财政投入。对 57 个村公益设施运行维护项目试点村，管护资金由项目投入；对在建或已建成的生态文明新农村的公益设施因自然灾害损坏严重的，由县财政投入维护资金；对其他非人为因素损坏不严重的，维护资金由乡镇解决，对一般经常性维护，管护资金由村办公经费解决，乡镇适当补助；也可以通过以奖代补的方式，鼓励村级组织加强公益设施管护。二是自愿捐资。宣传发动受益单位和群众自愿出资出劳，鼓励社会各界人士捐资，弥补管护资金不足。

第七条 管护方式。村级公益设施实行群众化、专业化和社会化的多元管护方式，一是群众自我管护。由村委会组织成立村级公益设施管护协会、理事会等群众性管护组织，宣传教育群众自觉维护村级公益设施，组织、指导和参与村级公益设施管护，建立群众化管护队伍，落实受益群众日常管护责任。二是村民承包管护。由村委会组织聘请有经验、有技能的村民，签订管护合同，明确权利和义务，按承包的方式进行管护。三是社会化管护。由村委会通过购买服务的方式，委托具备资质的专业管护企业或人员进行管护。四是市场化管护。按照市场化运作方式,通过对村级公益设施的租赁、租用等方式，由取得使用权的单位或个人进行管护。五是其他方式管护。按照符合群众意愿和因地制宜原则，由各村创造出的其他村级公益设施管护方式。

第三章　组织领导

第八条　加强工作指导。县、乡政府要高度重视村级公益设施管护，切实加大管护工作的组织指导力度，研究制定本乡镇村级公益设施管护的具体制度办法。要加强对村级公益设施管护工作的指导，深入调查研究，主动解决村级公益设施管护中存在的问题。各村要制定具体的管护工作制度，发挥村党支部的战斗堡垒作用，乡镇政府指导各村委履行管护主体责任。村民委员会要依照有关管护制度规定积极开展工作，细化管护措施，落实具体管护责任，明确具体管护方式，加强对管护责任人的监督管理；同时，要充分调动群众参与管护的积极性，建立健全群众性的公益设施管护组织。

第九条　强化宣传引导。要从强化管护宣传入手,充分利用广播、村务公开栏、会议等多种形式，广泛深入宣传管护工作的重要性和必要性，增强广大干部群众管护意识；通过村民议事、村务公开和村规民约等，宣传和引导群众自觉维护村级公益设施，增强村民公益意识，形成爱工程、管工程、护工程的共识，营造管好用好村级公益设施的良好氛围。

第十条　加强检查监督。建立和完善村级公益设施管护制度，全面落实各项管护措施，是生态文明新农村长效管理的重要内容。县、乡、村各有关组织要加强检查监督，督促在建和已建的生态文明新农村尽快建立各项管护制度，促进管护责任的落实。

第十一条 积极探索创新。建立村级公益设施管护制度，面临许多新情况、新问题，要注重总结经验，大胆创新地借鉴其他公益设施管护的好做法，紧密联系本村实际，拓宽思路，创新方法，积极探索建立有利于村级公益设施运行维新机制，为促进村级公益事业长期健康发展，深入推进农村综合改革做出积极贡献。

第四章 附 则

第十二条 本办法自公布之日起实施，由县生态文明新农村建设领导小组办公室负责修订和解释。

制度之六

康县关于开展“六争六评”竞赛活动的安排意见

为了认真贯彻市委、市政府《关于在全市深入开展“四新”竞赛创建活动的通知》（陇办发〔2012〕67号）精神，进一步创新生态文明新农村建设和管理模式，促进全县农村经济社会又好又快发展。经县委、县政府研究，决定在全县农村开展以“六争六评”为载体，进一步深入推进“四新”的竞赛活动，现提出如下安排意见：

一、重要意义

在全市农村开展以“创建新农村、培育新农民、树立新风尚、塑造新形象”为主要内容的“四新”竞赛活动，是市委、市政府立足陇南实际，着眼农村经济社会发展新变化，建设具有时代特征的社会主义新农村的重大举措。自“四新”竞赛活动开展以来，全县各级组织认真贯彻落实市委、市政府的重大决策和县委、县政府的工作部署，立足各村实际，充分发挥群众主体作用，把加强基础设施建设、整治村庄环境、美化村容村貌、破解农村发展难题与提升农民素质、促进产业开发、维护和谐稳定、转变陈规陋习相结合，大胆探索创新，积极开展了以争做和评选“孝敬父母好儿媳、勤劳致富好家庭、新农村建设带头人、环境卫生模范户、遵纪守法光荣户、邻里和睦文明户”为主要内容的“六争六评”活动，有效破解了农村社会管理中的深层次矛盾和突出问题，使全县生态文明新农村建设由基础建设型向建管结合型转变，取得了显著成效。为了不断巩固和发展这一创新成果，丰富全县生态文明新农村建设内涵，县委、县政府决定在全县农村持续开展以“六争六评”为载体，进一步深入推进“四新”的竞赛活动，切实保护和发展农村群众在生态文明新建设中争做先进、勇超先进的动力和热情。全县各级党政组织一定要站在贯彻落实科学发展观，提高农村社会管理水平，加快农村经济社会稳步发展的高度，充分认识开展以“六争六评”为载体、进一步深入推进“四新”竞赛活动的重要意义，紧密结合当前正在开展的“双联”行动，创新思维理念，狠抓措施落实，进一步引导群众提高综合素养，提升发展能力，树立文明新风，努力把群众艰苦创业的内生能量发挥到最大化，推动全县农村经济社会转型跨越发展。

二、指导思想和总体要求

（一）指导思想：深入贯彻落实科学发展观，以“创建新农村、培育新农民、树立新风尚、塑造新形象”为目标，以开展争做和评选“孝敬父母好儿媳、勤劳致富好家庭、新农村建设带头人、环境卫生模范户、遵纪守法光荣户、邻里和睦文明户”活动为载体，激发群众内生动力，发挥群众主体作用，着力建设生产发展、生活宽裕、乡风文明、村容整洁、管理民主的生态文明新农村。

（二）总体要求：通过开展“六争六评”，进一步深入推进“四新”竞赛活动，不断引导群众自觉改进生产生活方式，转变价值观念，创新自治措施，加强思想道德建设和基础设施建设，着力提升生态文明新农村建设内涵，使农村人居环境和农村基础条件明显改善，农民收入持续增长，乡风民俗不断进步，文明意识不断增强，逐步建立崇尚文明、弘扬美德、爱村爱家、自强发展、自我管理的长效机制。

（三）基本原则：开展“六争六评”活动，要坚持注重实效，不搞形式主义的原则；立足实际，不盲目攀比的原则；教育引导，不强迫命令的原则；积极推动，不急于求成的原则；突出特色，不强求一律的原则。

三、主要内容

（一）以争做孝敬父母好儿媳为载体，大力弘扬尊老敬老新风尚。在“四新”竞赛活动中，要进一步健全农村妇女组织，创新活动载体，完善规章制度，充分发挥妇女组织的协调引领作用，定期组织农村妇女开展素质培训，学习中华民族传统美德，学习妇女权益保障法、未成年人保障法等法律法规，通过孝敬父母好儿媳评选活动，在全县树立一批先进典型，倡导他们先进事迹，引导农村妇女热爱生活、弘扬美德、勤俭持家、善待老人、孝顺公婆、夫妻互爱、科学教子、以德育人、妯娌团结。

（二）以争创勤劳致富好家庭为载体，积极培育科技创业新农民。

在“四新”竞赛活动中，乡村两级组织要广泛挖掘推广，及时总结广大农民在各行各业勤劳致富的先进典型事迹、经验做法，结合扶贫开发、产业发展和“双联”行动，以户为单位，帮助生活困难群众制定帮扶措施和增收计划，确定专人帮带，组织开展实用技术培训和劳务技能培训，加强市场信息搜集，帮助市场预测，做到户有增收计划和主导产业，家庭主要劳动力有致富项目，帮助引领群众勤劳致富，家庭收入每年有稳定增长。

（三）以争做新农村建设带头人为载体，大胆探索城乡一体发展新路子。在“四新”竞赛活动中，要着眼实现“统筹城乡一体发展、建设陇上美丽乡村”的奋斗目标，按照“因地制宜、科学规划，坚持标准、体现特色，整合项目、统筹实施”的工作思路，以基础设施配套化、村容村貌园林化、家庭院落花园化、村风民风和谐化、管理机制长效化、经济发展产业化的“六化”建设重点，教育引导群众积极参与生态文明新农村建设，带头完成各项任务，带头发展公益事业，带头发展致富产业，切实加强基础设施建设，改善发展条件和村居环境。

（四）以争创环境卫生模范户为载体，着力塑造文明健康新形象。在“四新”竞赛活动中，要建立村内环境卫生清扫和保持制度，充分发挥制度约束作用，引导群众积极清扫环境卫生，保持内外环境清洁，做到居家布置美观大方，环境美化净化，并主动参与村内环境卫生清洁活动和“家洁院净”行动，自觉保护花草树木和公共服务设施，保持村内户内环境长期干净整洁。

（五）以争创遵纪守法光荣户为载体，努力创新农村管理新模式。在“四新”竞赛活动中，要健全村级组织社会管理机构，加强和改进农村社会管理服务，定期组织开展普法宣传活动和矛盾纠纷排查活动，教育群众学法守法用法，履行法定义务和社会责任，热心公益事业，关心集体荣誉，带头讲公德、扬美德、重品行、树新风。

（六）以争做邻里和睦文明户为载体，全力开创乡风文明新局面。在“四新”竞赛活动中，要对村庄邻里关系进行调查了解，掌握邻里渊源，建立邻里互助小组，督促小组成员经常沟通交流，谈思想、增感情，引导群众诚信友爱，保持邻里之间和睦相处、和谐共融，农户之间无是非、无争端，邻里之间互帮互助，相处多包容，遇事多容让。

四、评选条件

（一）“孝敬父母好儿媳”的条件

1. 在康县居住的已婚妇女。

2. 热爱生活，勤俭持家，有良好的社会公德和家庭美德。

3. 孝顺公婆，善待老人，关心父母生活，照顾老人衣食住行，理解老人情绪情感和行为习惯，服务老人尽心尽力，对父母生活贴心，语言文明，保持老人穿衣、卧室干净整洁。

4. 正确处理家庭成员之间的关系，夫妻互信互爱，关系和睦，爱护家庭其他成员，关心姐妹兄弟成长，关心子女的生活和学习，科学教子，以德育人，妯娌团结，邻里关系好，家庭和谐，在促进社会和谐稳定方面带头作用发挥好，在村里口碑好。

5. 热心村内公益事业，积极奉献，崇尚科学，向善宽容，带头执行计划生育政策，生活方式科学文明，自强自立，不参与赌博和封建迷信活动。

6. 无违反国家计划生育政策。

（二）“勤劳致富好家庭”的条件

1. 勤劳致富，勤俭持家，有增收致富项目，家庭生活水平逐年提高。

2. 积极学习劳动技能，掌握 1~2 门实用技术。

3. 在种、养、加生产经营活动中发挥带头作用。

4. 在农家乐或其他经营活动中效益显著、业绩突出。

5. 遵守国家计划生育政策。

6. 在推动新农村建设中，按照“生产发展、生活宽裕、乡风文明、村容整洁、管理民主”的要求，为农村经济社会发展做出突出贡献。

（三）“新农村建设带头人”的条件

1. 在新农村建设中思想先进，认真按照乡村安排部署，积极带头参与生态文明新农村建设工作，带头完成各项建设任务。

2. 热心生态文明新农村建设事业，带头投资投劳，带头服务群众，表现突出，贡献较大，是其他村民学习的榜样。

3. 主动协调解决新农村建设中出现的问题和矛盾纠纷，关心村内公共事务，团结村民，影响好，威望高，深得群众拥护和信赖。

4. 所在村建设质量好、标准高，环境清洁卫生。

5. 自身拥有辐射带动作用的特色产业，懂技术、会经营、讲文明、树新风，不参与黄、赌、毒等社会丑恶现象，遵纪守法。

6. 家庭经济条件好，收入高，家庭文明，邻里和睦。

（四）“环境卫生模范户”的条件

1. 家庭和睦，人际关系好；庭院环境卫生整洁，无乱堆乱放现象。

2. 使用符合要求的自来水或其他安全的卫生水。

3. 使用无害化卫生厕所，基本无蛆蝇，无臭味。

4. 厨房用品干净、整洁、摆放有序；有防蝇、防尘、防鼠设备。

5. 家禽、家畜圈养，做到“三勤、六净”（三勤即：勤出、勤垫、勤打扫；六净即：圈净、草净、料净、水净、畜体净、周围环境净）。

6. 居室整洁、物品摆放整齐，通风好、被褥干净。

7. 家庭成员健康、个人卫生良好，衣着整洁，毛巾和牙缸、牙刷洁净，不混用。

8. 家庭成员能掌握最基本的生活卫生保健知识，能积极参与各种卫生活动。

9. 能起到示范带动作用。

（五）“遵纪守法光荣户”的条件

1. 热爱祖国、热爱集体，科学种养、创办企业、外出务工，带头勤劳致富。

2. 自觉遵守国家法令、法规和村规民约，晚婚晚育、优生优育，无赌博、偷盗、诈骗等违法行为。

3. 崇尚科学，积极参加健康高雅的文化活动，不参与封建迷信活动。

4. 依法经营，诚实守信，不制售假冒伪劣产品，无乱占耕地，无违法建筑。

5. 家庭和谐，夫妻和睦，尊老爱幼，尊重妇女，赡养老人，强化环境意识，不污染环境，不乱伐林木，不捕捉野生保护动物。

6. 大度宽容、邻里融洽，关心他人、助人为乐，见义勇为，无打架斗殴谩骂行为，在群众中有良好的声誉。

7. 能经常宣传党和国家的方针、政策，带动广大群众遵法、守法、用法。

（六）“邻里和睦文明户”的条件

1. 家庭和睦，尊老爱幼，生活健康，在村内有较高的认知度，群众工作业绩突出。

2. 诚实守信，邻里和睦，家庭成员在邻里间遇事谦让，邻里有事能够及时给予帮助。

3. 团结友爱，尊重妇女，助残济困，乐于奉献，宽厚待人，互助事迹突出。

4. 遵纪守法，民主平等，作风正派，破除陋俗，倡扬新风，受到其他家庭的尊重。

5. 积极参加乡村各项活动，自觉带头遵守村规民约和各种法律法规。

6. 门前道路洁净，无乱堆乱放，美观整洁。

五、实施方式

（一）参与范围:“六争六评”活动在全县350个行政村全面开展，重点在已基本建成和在建生态文明新农村开展。

（二）组织实施：“六争六评”活动由县直相关部门牵头负责，乡村两级具体组织实施。争做孝敬父母好儿媳活动由县妇联牵头负责，县文明办、团县委、县教育局配合；争创勤劳致富好家庭活动由扶贫办牵头负责，人社局、农牧局、林业局配合；争做新农村建设带头人活动由县委农办牵头负责，财政局、交通运输局、水务局、住建局配合;争创环境卫生模范户活动由县爱委办牵头负责，卫生局、住建局配合;争创遵纪守法光荣户活动由县委政法委牵头负责，法院、检察院、公安局、司法局配合；争做邻里和睦文明户活动由县文明办牵头负责，团县委、妇联、信访局配合。

（三）时间安排："六争六评"活动今年（2012 年）5 月初至 9 月底已开展了争创工作，10 月初至 12 月底主要进行评选表彰和总结验收，具体分为四个阶段。从明年（2013 年）开始长期持续坚持开展。

1. 宣传阶段（10 月 15—31 日）。县、乡、村三级活动领导小组，采取开办电视栏目、开设网页、办墙报、办专栏、印发宣传单、制作宣传标语、逐级召开动员会议等方式，广泛宣传"六争六评"活动评选表彰的条件、程序和方法步骤，做到家喻户晓，人人皆知，为评选先进奠定坚实的群众基础。

2. 评选阶段（11 月 1 日至 12 月 20 日）。严格按照评选办法，在组织党员和群众代表民主推荐的基础上，对照标准条件逐类评比，公正筛选，逐级公示，确定各类先进，并按照逐级申报，分级审批的程序，确定乡（镇）级和县级先进。

3. 表彰阶段（12 月 21 日至 2013 年 3 月底）。对评选出的乡、村两级各类先进人物，12 月 31 日前，由乡、村两级分别组织召开表彰大会，进行表彰奖励。评选出的县级先进在每年全县经济工作会议后，县委、县政府召开专门会议进行表彰奖励。

4. 总结阶段。全县表彰奖励结束后，各乡镇和各牵头单位分别成立工作组，及时对开展"六争六评"活动情况进行自查总结，挖掘典型，总结经验，上报总结报告。自查总结结束后，县上活动领导小组抽调专人，成立总结考核组，深入各乡镇和各牵头单位进行专项考核。

（四）评选办法：评选表彰分村级、乡级、县级三个层次，村级先进由村党支部和县直联村单位负责，组织召开"两委"联席会、党员大会、村民代表会或村民大会评选，评选结果在村庄公示后，进行命名表彰；乡（镇）级先进由乡镇党委负责，根据各村推荐上报的先进名单，征求各方面意见后，党委会讨论酝酿，综合衡量，确定表彰人选，并在本乡镇公示后，进行命名表彰；县级命名表彰的先进，由各乡镇按照分配的名额，从本乡镇表彰的先进中，择优推荐。领导小组根据各乡镇推荐上报的人选，按照差额评选的办法，确定人选，全县公示后，进行命名表彰。

（五）表彰奖励：村级先进典型由县直“双联”行动联村单位和乡镇共同筹资设立奖励基金，进行表彰奖励；乡（镇）级先进由乡镇和县直联乡单位筹资设立奖励基金，进行表彰奖励；县级先进由县财政筹资，县委、县政府进行表彰奖励。乡村两级表彰奖励的名额由乡村根据实际情况自行确定；县级每年表彰奖励 600 名，每类 100 名，重点表彰奖励每类十佳人选，在授予荣誉称号的同时，给予 3000 元左右的物质奖励。

（六）结果运用：对全县各级评选出的各类先进典型，县直相关部门和乡村两级在申报和审批妇女小额贷款、扶贫到户项目、产业示范项目、困难群众临时生活救助和城乡困难群众医疗救助等方面给予倾斜扶持，优先推荐参加县级以上各类先进的评选，每年有计划组织外出参观学习，其先进事迹在县电视台开辟专栏播出，在县城主要地段制作大幅广告栏进行宣传。

六、具体要求

（一）要把开展 “六争六评”活动与生态文明新农村建设相结合。要把“六争六评”活动作为推进生态文明新农村建设的有效载体，围绕新农村建设“二十字”方针，以开展争创活动为抓手，通过培树各类先进，激发群众参与新农村建设的热情，顺势引导群众消除杂念，瞄准目标，凝心聚力，从自身实际出发，发挥各自优势，在建设生态文明新农村的具体实践中比、学、赶、超，把群众的主体作用发挥最大化，努力推进基础设施配套化、村容村貌园林化、家庭院落花园化、村风民风和谐化、管理机制长效化、经济发展产业化的“六化”建设工程，全方位、高标准建设特色鲜明的生态文明新农村。

（二）要把开展“六争六评”活动与提升生态文明新农村建设示范点创建质量相结合。要以生态文明新农村建设示范村为重点，把开展“六争六评”作为深入推进“四新”活动，创建生态文明新农村示范点的有效载体，科学设计以“六争六评”活动引领实施创建项目的实施方案，通过狠抓争创活动，探索适应新形势、新任务需求，凝聚农村群众思想的新途径、发动群众建家园的新措施、破解农村难点问题的新办法、促进持续和谐发展的新路子、推进民主管理的新机制，努力提升示范点创建质量，为全面推广创建闻有影响、学有方法、看有内容的示范村和标杆村。

（三）要把开展“六争六评”活动与开展文明乡村创建相结合。要把开展“六争六评”活动作为创建文明乡村的重要内容，纳入创建工作的总体规划，以开展争创活动推进创建工作，以创建工作指导开展争创活动，做到同部署、同落实、同检查，互为促进。要围绕创建标准和要求，充分运用各类先进人物事例，用身边的人和事教育和引导群众解放思想、转变观念，化解矛盾纠纷，解决存在突出问题，推进文明乡村创建工作取得实质性进展。

（四）要把开展“六争六评”活动与加强基层组织建设相结合。要把开展“六争六评”活动作为提高村级班子组织领导能力，引导党员发挥先锋模范作用的重要抓手，通过组织开展争创活动，督促村社干部和农村党员做到思想领先、干事领先、服务领先，优化村级班子团结群众、带领群众、服务群众的制度机制，历练村级班子领导决策、组织管理、服务群众的能力水平，不断增强村级班子特别是村党支部的凝聚力和战斗力，充分发挥领导核心作用和组织服务功能，进一步加强农村基层组织建设，为建设生态文明新农村提供组织保障，推进建立围绕发展抓党建、抓好党建促发展的长效机制，不断提升农村基层组织建设科学化水平。

（五）要把开展“六争六评”活动与“联村联户”行动相结合。要把“六争六评”活动的开展作为“联村联户、为民富民”行动的重要内容，督促联村单位和联户干部经常深入联系村社，查实情、出实招，完善“双联”方案，充分发挥部门优势和干部的思想智慧、信息资源、科技知识等，帮助联系群众学技术、学文化，掌握各种实用技能，不断提高自身素质，引导他们在参与实施基础设施项目、寻找致富门路、发展特色产业、积极移风易俗中开展“六争六评”，努力做生态文明新农村建设的带头人、做脱贫致富的领路人、做维护和谐稳定的引导人，促进“双联”行动取得更大成效。

（六）要把开展“六争六评”活动与开展评选先进乡镇、先进帮扶单位、优秀干部相结合。要把组织开展“六争六评”活动作为创建先进乡镇、开展帮扶活动、争做优秀干部的重要内容，通过组织和参与农村开展争创活动，改进乡镇党委、政府领导和管理农村工作的方法，转变县直单位开展农村帮扶活动的方式，教育各级干部把创造业绩、争做优秀的精力放在帮助和服务群众上，统筹城乡服务农村发展的综合措施，形成强大合力，帮助和鼓励农村群众苦干实干、积极进取，共同推动农村经济大发展、农村条件大改善、农民素质大提升、农村和谐大进步。

七、保障措施

（一）加强组织领导。县乡各级党政组织要把这项活动作为贯彻落实县委、县政府决策部署，推进“四新”竞赛活动的有力举措，成立专门的领导小组，主要领导担任组长，认真组织，精心安排，抓紧抓好。领导小组下设办公室，办公室设在县委农办。办公室下设督查指导、评选表彰、舆论宣传三个工作小组，分别负责各项具体工作。

各乡镇、县直各牵头单位也要成立专门的领导小组和办事机构，加强统一领导和协调指导，做好日常管理工作，并确定一名领导具体负责，集中精力抓好这项工作，确保“六争六评”活动健康有序、扎实有效开展。

（二）统筹安排部署。各牵头单位要加强沟通，按照开展“六争六评”活动的总体要求，成立专门工作组进村入户调查摸底，掌握民意，认真研究，制定承担牵头任务的具体实施方案，确保每项活动操作步骤既严密周详又简便易行，既突出单项特色又保持相互链接。每个单项活动的实施方案要经领导小组办公室审定后，下发执行。各乡镇和各联村单位要按照开展“六争六评”活动的具体要求和单项活动的具体实施方案，立足实际，把开展争创活动与落实农村各项工作任务紧密结合，统筹谋划，制定实施方案和争创标准及评选办法，细化推进步骤，进行全面安排部署，做到开展争创活动与推进各项工作相互配套、相互促进，评选出的各类先进典型，事迹感人、群众服气，具有较强的代表性和可学性。各乡镇和各牵头单位制定的实施方案于10月20日前报领导小组办公室。

（三）加强督查指导。副县级以上联乡领导要把开展“六争六评”活动作为联乡工作的重要内容，加强指导，在制定方案、组织争创、评选表彰等关键环节全程参与，严格把关，确保活动有力有序有效开展。领导小组办公室要发挥牵头抓总作用，加强统筹协调，细化标准和程序，定期督促检查，强化工作指导，确保活动组织严密、程序严谨、管理严格。县直牵头单位和配合单位要密切配合，立足负责的争创内容，制定具体方案，指导乡村细化具体措施，并经常深入乡村检查落实情况，对发现的问题，及时督促纠正。各乡镇和县直各“双联”单位作为驻村干部和“双联”行动的重要任务，建立指导制度和责任追究等制度，督促县乡、干部参与村级谋划，现场指导落实，确保争创工作取得实效。

（四）搞好舆论宣传。县委宣传部要牵头制定宣传方案，督促相关部门在县电视台、康县新闻网、康县报等媒体开设专栏或专版，大力宣传开展“六争六评”活动的必要性，宣传农村涌现出的各类先进典型的事例，全方位、多角度展示先进人物的时代风采，在全县营造积极向上、创先争优的良好氛围。领导小组办公室、县直各牵头单位和各乡镇要加强沟通，齐心协力宣传开展“六争六评”活动的主要内容、方法步骤和工作要求，做到家喻户晓；要采取编发简报、制作专版等多种形式，宣传创造的先进做法和培养的先进典型，推进活动均衡开展。县委协调推进领导小组要适时召开全县开展“六争六评”活动推进会或现场会，进行学习观摩，表彰先进典型，努力把“四新”竞赛活动不断引向深入。

制度之七

康县进一步加强“四有型”基层党组织建设的意见

为认真贯彻落实中央和省、市委关于加强基层组织建设的意见精神，总结推广康县近年来创建“四有型”(有人干、有规干、有钱干、有劲干)基层党组织推进美丽乡村建设、精准扶贫开发的成功做法和典型经验,加强基层班子和干部队伍建设、搭建干事创业平台、统筹各类项目资金、完善服务保障机制，全面推动农村五个文明建设步伐，提出如下意见。

一、重大意义

建设“四有型”基层党组织，是推进落实“十三五”规划的重要举措，对突破全县基层组织建设瓶颈、助推重点任务落实、加快精准脱贫步伐、构建和谐农村、促进县域经济发展具有重大意义。近年来，全县基层组织建设以市委“433”发展战略和县委“543”发展工程为统领，紧盯全面建成小康社会目标，按照“统筹城乡一体发展、建设生态文明美丽康县、全面推进精准扶贫精准脱贫”的工作思路，始终把基层组织建设与美丽乡村、精准扶贫、产业培育等重点工作高度对接、深度融合，凝聚各方力量，整合各类资源，着力破解基层党组织不愿干、不会干、干不好和干好干坏一个样、干与不干一个样的问题，全力打造有人干、有规干、有钱干、有劲干的“四有型”基层党组织，保障了全县经济社会和各项事业持续快速发展。为进一步深化和巩固“四有型”基层党组织建设成果，扩大示范引领和品牌带动效应，整体提升全县基层组织建设工作层次和水平，促进农业技术进步、推进农村经济发展、加强精神文明建设、改善农村人居环境、提升农村文明程度，充分发挥基层组织在精准脱贫攻坚战中的战斗堡垒作用，为推动建设幸福美好新康县提供坚强的组织保证。

二、总体目标

建设“四有型”基层党组织的总体目标是，班子核心领导作用发挥突出，能够认真贯彻党的路线方针政策和上级党委决策部署，班子成员团结协作，求真务实，勤政廉洁，有较强的凝聚力和战斗力；党员干部队伍结构优化、整体素质较高，有较强的政治意识、大局意识、责任意识和发展意识，党员干部干事创业和施展才华的舞台更加宽广，在扶贫攻坚的实践中能够充分发挥先锋模范作用；规章制度完善，管理措施到位，工作运行顺畅有序，保障措施更加有力，能够很好地服务和推动全县重点任务落实；激励奖惩措施健全完善，选人用人导向机制鲜明，基层党员干部工作积极性、主动性被充分调动，服务农村发展的工作热情有效激发。通过 3 至 5 年的时间，全县 350 个村要全面建成“四有型”基层党组织，农村党组织和党员干部要成为推动科学发展、带领群众致富、密切联系群众、维护和谐稳定的领导核心和先锋力量。

三、重点任务

(一) 建设“有人干”型基层党组织

着眼于解决村干部占位不为、能力不强、思路不新、实绩平平等突出问题，建设“五个一批”，打造素质优良、能力突出、作风过硬的党员干部队伍，保证基层组织有人干事。

1. 吸引一批返乡青年。通过提高村社干部报酬、改善村级办公条件、落实相关优惠政策等措施，积极创造吸引青年人才的良好环境，增强村干部岗位吸引力。乡村两级党组织要注重在日常工作中发现、培育和选用农村优秀青年，鼓励和引导他们扎根农村、建设农村，为家乡发展做出积极贡献；要采取宣传发动、思想引导、协调沟通、政策激励等措施，让一大批看好农村发展潜力，带富能力强，又关心家乡发展的外出务工经商农民、复转军人、回乡大中专毕业生等优秀青年进入村两委班子，特别优秀的可以直接选举担任村党支部书记或村委会主任，真正优化班子结构，增强班子活力。

2. 竞聘一批致富能人。要打破地域、身份、文化等限制条件，在全县乃至全市范围内公开高薪选聘技术型人才、职业经理人或者能人大户担任村党组织书记或村委会主任，制定任期目标，签订目标责任书，带领群众发展富民产业。县委组织部要把此项工作作为深化推进村干部职业化试点和产业富民示范村创建的重要举措，积极争取财政资金支持。从 2015 年起，有条件的村在发展乡村旅游等产业中，可以通过个人参股等形式，高薪竞聘一批“能人”发展村级集体产业；是党员的可以通过党员会议选举成为支部副书记，不是党员的通过村民选举成为村委会副主任。村级组织要深入挖掘本村自然资源禀赋，确定可长期发展、能创造经济收入的主导产业，吸引更多高素质致富能人留村发展。

3. 培养一批后备干部。坚持把思想素质过硬、致富带富能力突出、党员群众信赖的优秀青年充实到村级后备干部队伍中来，每村至少储备村级后备干部 3 至 5 名。县委组织部和涉农部门每年要有针对性地组织开展专题培训，提升后备干部政治理论水平、强化政治修养、提高服务意识；乡镇党委要对村级后备干部进行动态管理，建立后备干部档案信息库，对其成长经历、培训情况、工作情况、政治表现、专项特长等全方位登记造册，全面掌握后备干部各方面情况；村级党组织要落实跟踪培养制度，由现任村干部每人联系一名后备干部，及时开展“一对一”结对培养活动，在精准扶贫、美丽乡村建设等重点工作中给任务、压担子，传授工作经验和方法，让后备干部在村务工作的实践中得到锻炼和成长。

4. 培训一批党员干部。加大农村党员、干部教育培训力度，依托县乡党校、农村干部专修学校等培训机构，有计划有组织地对乡村两级干部进行教育培训，切实提高农村党员和干部队伍整体素质。县级层面围绕党的创新理论和政策法规解读、产业培育、乡村旅游发展等主题举办培训班，每年至少对村党组织书记、大学生“村官”和到村任职干部集中轮训一次，每期（批）培训时间不少于 1 周；乡镇党委要立足乡情实际，重点对驻村干部、村干部、大学生“村官”分层分批进行专题培训，每季度至少开展一次集中培训，每次培训时间不少于 1 天；村级组织要认真组织培训对象，积极配合参加各级各部门举办的能力提升培训班，努力提高做好群众工作、化解社会矛盾、坚持依法办事、管理社会事务的能力。同时要拓宽农村党员干部教育培训渠道，有针对性地组织培训对象到发达地区和情况类似的先进地区学习考察，切实提高他们围绕中心工作、服务党员群众、推动精准扶贫的能力。

5. 补充一批机关干部。深入实施县直机关优秀干部下派挂职精准扶贫行动，推进干部“逢提必下”制度与精准扶贫工作深度融合。从现年起，每年从县直党政机关和事业“双联”单位为当年预脱贫村选派 1 名年轻优秀干部，到贫困村担任党支部第一书记，充实村级班子力量，协调落实扶贫攻坚任务，帮助建强村级组织。加强大学生“村官”到贫困村、后进村、边远村任职力度，村级组织换届选举时，优先提名并选举一定数量的优秀在岗大学生“村官”担任村“两委”正职尤其是村党组织书记。积极推荐、吸纳县乡机关和企事业单位退休干部职工通过合法程序进入村两委班子，充分发挥广大退休干部政治立场坚定、工作经验丰富、群众基础深厚、社会影响广泛的独特优势，推动农村各项事业快速发展。

(二)建设“有规干”型基层党组织

着眼于解决村级组织和干部发展思路不清、方向不明，干事无规划等突出问题，着力做好“四个规划”，在重点任务落实中为乡村干部干事创业创设载体、搭建平台，保障基层党组织按规行事、依规干事。

1. 着力做好城乡一体规划。强化城乡一体化规划、一体化发展、一体化建设的理念，在谋划发展、进行建设、出台政策中，通盘考虑，统筹兼顾，促进以城带乡，协调发展。在城区建设上，充分发挥区位、交通、资源等方面的现实和潜在的优势，超前谋划，科学规划，通过出台有关政策措施，加快人口集聚步伐，助推农民城市化和异地小康建设进程；在乡(镇)村要集中搞好环境卫生整治，加大基础设施建设投入，尽可能保持农村自然、历史风貌，形成功能定位明确、基础设施和公共服务完善的空间布局。深化开展机关党组织与农村党组织结对共建活动，加大基层组织共建、党员队伍共管、干部人才共育、困难群众共帮、优势资源共享力度，统筹推进全县城乡一体化发展步伐。

2. 着力做好美丽乡村规划。美丽乡村建设要始终坚持规划先行，遵循生态旅游型、古村修复型、产业培育型、环境改善型、文化服务型等规划理念，充分发挥基层党组织和党员干部在建设中的主体能动作用，主动作为，模范带头，引导群众围绕农村房、路、水、电、产业等基础设施和公共服务设施开展建设，按照“六不”建设原则、“六化”建设标准和“低成本、不折腾、高成效”的工作方法，强化实践美丽乡村建设的成功经验，持续推进剩余的114个村美丽乡村建设步伐。2016年规划新建和巩固提升46个，以后每年规划建设和完善40个左右，到2019年达到全县美丽乡村建设全覆盖，广大农民群众实现安居乐业之梦。

3. 着力做好富民产业规划。立足康县富集的特色资源优势，按照“整县核桃、南茶北椒，区域优势、做精做优”的开发思路，完善富民产业远景规划，大力培育村级支柱产业，千方百计增加农民收入。坚持推进精准扶贫与转变贫困区域农业发展方式深度融合，积极引导群众发展核桃、茶叶、蚕桑、花椒、黑木耳、天麻、中药材、大鲵养殖等优势产业。注重培育和扶持发展特色产业和特色产品，推进农业适度规模经营，在提高农产品质量、增加产品附加值上下大功夫。配套落实相关优惠政策，建立健全服务体系，鼓励农村致富带头人创办农业社会化服务组织，吸引“乡土人才”和能人回乡创业，引进培育壮大一批精深加工企业和电商营销企业，有力推动富民产业快速发展。

4. 着力做好乡村旅游规划。围绕整县建设不要门票的生态旅游大景区，坚持打山水牌、走生态路，大力发展乡村旅游产业。统筹规划发展大旅游，产业围绕旅游调结构，交通围绕旅游保畅通，城建围绕旅游提品位，林业、水利围绕旅游造景观，文化围绕旅游树精品，宣传围绕旅游造声势，全县围绕旅游聚活力；鼓励和帮助群众开办农家客栈、农家乐，发扬传统手工制作技艺，挖掘历史文化内涵，丰富乡村旅游体验，规范从业人员管理，最大程度放大乡村旅游产业潜力和优势，激活乡村旅游产业大发展、大繁荣；各级党员干部要带头主动参与到乡村旅游开发的热潮中，深刻认识乡村旅游产业对农村经济发展的重要意义，通过自身最大范围地向身边人介绍宣传康县的秀美风景和美丽乡村，力所能及地为游客提供服务，自觉维护康县良好形象，推动乡村旅游健康持续发展，有力带动农村群众增收致富。通过3至5年时间，全县三分之一以上的美丽乡村成为乡村旅游示范村，农家客栈、农家乐收入成为群众的重要收入来源。

(三)建设“有钱干”型基层党组织

着眼于解决群众诉求得不到解决、群众对乡村干部意见大、村干部无钱办事等难题，整合各类资源和资金，做好“四个统筹”，保证基层组织和乡村干部有钱干事。

1.统筹各类涉农资金。统筹城乡有效资源，按照“多个渠道进水、一个龙头出水”整合项目资金的办法和“各炒一盘菜、共办一桌席”的工作方法，积极有效整合扶贫、交通、水务、水利、文化、卫计等领域各类涉农资金和项目，重点用于完善农村基础设施、改善人居环境、培育富民产业等民生工程建设，始终做到集中资源办大事、重点突破促发展，切实解决乡村党组织和干部无钱办事的难题。

2.统筹双联帮扶资源。紧抓省委双联行动机遇，各双联单位既要帮产业、帮增收，更要帮支部、帮党员，要把更多的惠民实事交给农村基层党组织去做，让办好事办实事的过程，成为基层党组织凝聚和引导群众的过程，成为基层干部树立形象、增强威信的过程，切实提高基层党组织的动员力和落实力。乡村党组织要借力“双联”单位资源优势，积极争取落实帮扶项目，着力解决农村道路硬化、广场修建、产业发展等无资金、无技术、无思路支持的发展难题。

3. 统筹农村工作经费。继续加大村级运行维护机制试点力度，每年每村经费3万元，争取2016年实现全覆盖。健全和完善县财政逐步增加村级办公经费机制，每年按照1万元的标准，把农村党建工作专项经费列入县级财政预算，到2018年底村级办公经费达到3万元以上。县财政按照标准，及时足额、分批落实村级办公经费，在村级资金所有权、审批权、财务核算权和债权债务不变的前提下，实行村财乡代管的财政管理体制。建立村级报账员管理机制，建立和细化村级办公经费支出和使用台账，始终做到不挤占、不挪用，确保村级党组织办公正常运转。

4. 统筹发展集体经济。学习借鉴和推动实践城关镇凤凰谷村、王坝镇何家庄村、岸门口镇严家坝村、阳坝镇油房坝村等“产业富民”示范村创建工作经验，探索推行“支部+”富民产业发展模式，找准、培育和发展村级优势富民产业，壮大村级集体经济，增加村级集体积累，增强村级组织“造血”功能和自我发展能力。特色资源丰富的乡村，重点发展带动能力强、辐射范围广的特色种植养殖业和农副产品加工业，深入推进“一乡一品”和“一村一品”，逐步做强做大规模、做响做亮品牌；旅游资源丰富的乡村，重点实施美丽乡村建设和“十村百户千床”工程，大力发展生态旅游和乡村旅游。到2020年底，全县有集体经济收益的村达到80%以上，其中1万~10万元的村达到60%，10万~50万元的村达到30%，50万元以上的村达到10%。

(四) 建设“有劲干”型基层党组织

着眼于解决乡村干部待遇偏低、工作实绩奖罚不明、运行机制不够规范等突出问题，建立“四项机制”，保证基层党组织和党员干部干事创业有盼头、有劲头。

1. 建立合理的干部待遇保障机制。认真贯彻落实省委办公室《关于加强乡镇干部队伍建设的实施意见》规定的政策待遇，从2016年开始实行“两个20%”政策，即乡镇干部年度考核优秀等次比例可提高到20%，乡镇干部收入一般高于县级机关同职级干部20%。完善《乡镇干部周转房建设规划》，集中利用5年左右时间解决乡镇干部周转住房。建立以财政投入为主的村社干部报酬增长机制，到2018年底，按照当地上年度农民人均纯收入2倍的标准落实村干部报酬，社干部年报酬按不低于村干部年报酬的30%确定。探索推行村干部职业化试点工作，认真落实《康县村级班子和村干部考核评价办法(试行)》，严格工作考评，绩效兑现报酬。建立退职村干部生活补贴制度，对正常离任的村干部，根据任期届数、任职年限和贡献给予一定的生活补贴。

2. 建立科学的干部能上能下机制。进一步规范干部选拔任用流程，把那些讲政治、守规矩，敢担当、有实绩，干事又干净的干部选上来、用起来；把那些不守规矩、能力不足、考核较差以及群众不认可的干部调整出去，在乡村两级着重突出精准扶贫、美丽乡村建设、富民产业开发等重大部署，推动形成能者上、庸者下、劣者汰的选人用人导向。加大基层软弱涣散班子集中整顿力度，每年按照10%的比例进行倒排整顿，采取“分类施策、台账销号、满意测评、验收考评”的程序和措施，选优培强班子带头人，及时调整充实班子成员，争取利用3至5年时间，在全县建设一支能干事、会干事、干成事的基层干部队伍。

3. 建立规范的村级组织运行机制。深度落实“3+5”服务群众工作法、“一诺三评三公开一考核”工作机制和民事办理首问责任、限时办结、明确告知、责任追究、民事代办、村干部弹性坐班等制度，严格办事台账和坐班日志管理，实行按季度调阅、督查和通报制度，全面提高乡村班子和干部服务农民群众的层次和水平。建立乡村组织权力规范运行清单，推进基层民主政治建设，规范乡村组织和村干部权力运行，保障广大村民的知情权、参与权和监督权。严明党的政治纪律和政治规矩，严肃党内政治生活，认真落实“三会一课”、民主评议党员、党员党性定期分析等制度，各基层党组织每年至少召开 1 次高质量的民主生活会或组织生活会，至少开展 1 次民主评议党员活动。

4. 建立严格的干部激励约束机制。严格落实目标管理责任机制，结合各项重点工作任务落实，层级签订责任状，靠实工作责任，不定期开展督促检查和现场评比，检查评比结果作为乡村干部选拔重用、推优推先、表彰奖励、年终考核、绩效兑酬的重要依据。扎实开展典型培树活动，以各类工作竞赛为载体，充分运用广播电视、微信微博等媒介，大力宣传先进典型的好经验、好做法，集聚推动经济社会发展的正能量，每年评选表彰一批先进基层党组织和优秀共产党员。树立正确的选人用人导向，坚持在美丽乡村建设、精准扶贫攻坚、富民产业培育、乡村旅游发展一线锻炼识别干部、考察选任干部。实行责任追究机制，认真落实《乡镇党建目标管理考核意见》，对党建工作责任落实不好的，实行约谈、诫勉、通报、调整“四位一体”处置措施，对连续两年考核名次位居全县最后两名的党委书记，坚决予以免职，对抓基层党建工作重视不够、措施不多、成效不好的干部，绝不提拔重用。

四、组织领导

（一）靠实工作责任。建立县委统一领导、组织部门牵头抓总、县直单位协同配合、乡村两级推进落实的“四有型”基层党组织建设责任体系。县委研究制定“四有型”基层党组织建设工作计划，按季度召开常委会议专题研究解决各类问题；县委组织部按照县委部署要求，及时督促落实“四有型”基层党组织建设任务，协调各部门制定和落实配套措施，强化“四有型”基层党组织建设合力；县直单位要以“双联”结对共建活动为载体，细化帮建任务，落实帮建措施，助推“四有型”基层党组织建设工作扎实开展；乡镇党委和村级党组织要建立和完善“四有型”基层党组织建设任务清单、责任清单和问题清单，细化到人、量化到岗，推动“四有型”基层党组织建设任务落实见效。

（二）强化督查指导。围绕“四有型”基层党组织建设重点任务推进落实情况，县委组织部要定期或不定期通过明察暗访、现场观摩、现场查看、走访群众、调阅乡村会议记录等方式，对全县各基层党组织建设情况进行督促检查，落实相关责任，对发现的问题及时进行追踪整改。各乡镇党委要建立便于操作、务实管用的“四有型”基层党组织自查和督查制度，结合阶段任务推进情况，乡镇党委书记和副书记亲自督查，定期反馈和通报督查结果，确保各项建设任务全面落实。

（三）挖掘推广典型。全县各基层党组织要及时挖掘提炼和总结推广“四有型”基层党组织建设方面取得的好经验、好做法，重点培育和选树一批立得住、叫得响、可学可复制的“四有型”基层党组织建设示范典型，及时评选和表彰奖励在“四有型”基层党组织建设中思路创新、措施到位、保障有力、效果明显的优秀党务工作者，坚持做到比有目标、学有榜样、赶有措施、超有效果，充分发挥“四有型”基层党组织建设先进典型的示范引领和辐射带动作用，全力推动全县“四有型”基层党组织建设工作纵深开展、取得实效。

后　记

学习、研究、总结康县美丽乡村建设模式的想法源于一次偶遇。

我从甘肃中部农村大山里走出来，到城市求学、工作已经超过三十年。但我骨子里依然是一个农民，对于生我、养我的农村有着深深的眷恋，也时常默默注视着家乡、关注着农村一点一滴的变化，更多的时候是为家乡环境面貌几十年来没有明显改变而忧心和思虑。长期以来，我内心深处一直有一个情结，要以力所能及的方式来为家乡、为农村的发展尽一份力！

一个偶然的机会，我接触了康县，知道了康县的美丽乡村建设。这使我眼前一亮：原来农村可以这样建、可以这样美丽？！原来贫困地区也可以建设美丽乡村？！康县虽然不是我的家乡，但我希望康县的美丽乡村建设模式可以被复制、移植到我的家乡。事实上，康县模式也确实可以被复制、移植到更多的贫困地区农村，甚至可以被推广到全国农村地区，但首先需要将康县模式深入挖掘、总结提炼出来。正是怀着回报养育自己成长的农村的心理，我开始了这项工作。

2015 年 5 月上旬，我作为“甘肃省双联惠农贷款项目实施效果调研评估”项目[1]组成员，在康县调研途中，听易红斌副县长介绍了康县美丽乡村的建设情况，并顺道参观了几个已经建成的美丽乡村，感觉到很吃惊，也很振奋。兴奋之余，我们建议应该好好总结一下康县美丽乡村建设的经验，易县长当即表示县上也正有这方面的打算，只是苦于缺少人手，并希望能够得到我们学校的协助。于是，我们相约在当年暑期到康县做专题调研。

然而，当真正开始着手这项工作时，我才知道这对自己既是一个极大的挑战，也是一份沉甸甸的压力。为了做好对美丽乡村建设康县模式的总结，在接下来不到一年的时间里我又三次前往康县。

第二次到康县是 2015 年 8 月上旬。按照当初与易县长的约定，省政府参事室和兰州财经大学联合组成调研组，由省政府参事李堋和兰州财经大学党委书记梁亚民教授牵头，我和我的同事姚志春教授、韩君副教授一起，对康县北、中、南公路沿线以及沟里沟外、高半山区等各种不同类型、不同特点的美丽乡村分别进行了深入细致的考察调研，获得了大量第一手素材资料。在此基础上，撰写并通过甘肃省政府参事室向省委、省政府提交了《关于康县美丽乡村建设的调研报告》[2]，同时在《甘肃日报》2015 年 8 月 25 日理论版头条发表了《美丽乡村建设的康县模式》的调研报告。意犹未尽的是，由于受篇幅限制，上述报告中未能就康县模式的背景、内涵、意义展开充分论述，对于康县美丽乡村建设的做法和经验挖掘得不够深入，加之对所收集到的大量素材资料也没能够有效加以利用，因此，在李堋参事的热情鼓励和大力支持下，又萌生了进一步著作成书的

① 该项目由甘肃省人民政府参事室组织，甘肃省政府参事李堋任组长，分三个小组在全省 10 个市州、30 个县区、60 个乡镇、101 个行政村进行。

② 该报告得到了时任省长刘伟平、省委副书记欧阳坚的批示。

想法。

2015年10月下旬，经过前期的策划和准备，我约了我的朋友、同事陈润羊副教授第三次来到康县。这一次，在康县县委办张中生主任、农办侯玉林主任的陪同下，又走访了一批之前没有到过的美丽乡村。至此，前后三次累计走访的美丽乡村数量超过了康县已全部建成美丽乡村的四分之三。在与县、乡、村各级干部和广大村民进行了多次座谈、研讨后，逐步理清了本书的框架思路和写作提纲，并进一步补充收集了有关美丽乡村建设的大量文件、制度、办法、图片等资料。

2016年3月底，农历丙申猴年清明前夕，我第四次来到康县。而这次，是去参加考试。我带着《美丽乡村建设的康县模式》书稿，怀着惴惴不安的心理接受康县人民的检阅。我担心自己对康县模式的了解不深入、研究不系统、总结不完整，担心自己对康县模式的经验、启示和意义理解得不到位、提炼得不准确，甚至担心自己的语言表达、文字处理、材料取舍，以及图片选择等不恰当、不顺畅……。事实上，康县人民以博大的胸怀包容了这一切，给了我极大的鼓舞，也使这项工作得以暂告一段落。

在书稿交付印刷之际，我首先要感谢创造了美丽乡村建设康县模式的伟大的康县人民，向他们致敬！其次要感谢兰州财经大学，甘肃省人民政府参事室，甘肃省财政厅，康县县委、县政府，尤其是县农办的大力支持！特别要感谢李堋参事从书名拟定、提纲设计、内容审定，甚至出版等各个环节给予的全方位的无私帮助和大力支持，尤其是李堋参事专为本书所做的序——“康县美丽乡村建设的成效与特点”——更是令本书增色不少！感谢康县李廷俊书记、文元旦县长、张小虎部长、易红斌副县长，兰州财经大学党委书记梁亚民教授、校长傅德印教授，以及甘肃省人民政府参事室李志荣主任的热情鼓励和大力支持！感谢康县农办时任主任、现任康县扶贫办主任侯玉林的辛苦付出，本书之所以能够成形，侯主任可以说居功至伟，是真正的幕后英雄！感谢康县委办张中生主任提供的无私帮助！还要感谢为本书写作提供了各方面素材和图片的各位知道名字和不知道名字的朋友，感谢他们为康县模式的总结所做的大量前期积累工作。

最后，我想声明，本书的写作和出版不是为给康县树碑立传，而是希望有助于康县模式的推广。如果本书的出版对于推进其他地区的美丽乡村建设有可借鉴之处，那一定要归功于创造了奇迹的康县人民。由于受水平所限，本书可能存在总结不到位之处，请各界朋友批评指正。同时，衷心希望能借此书的出版引出更多研究康县模式的好作品。

但愿在不久的将来，我的家乡也能建设成为美丽乡村，全国所有的农村都能建设成为美丽乡村！

庞智强

2016 年清明于金城兰州